52 motivos de gratidão

Anote a cada semana de 2022 um motivo para agradecer a Deus!

Semana	Sou grata por...	Semana	Sou grata por...
01		27	
02		28	
03		29	
04		30	
05		31	
06		32	
07		33	
08		34	
09		35	
10		36	
11		37	
12		38	
13		39	
14		40	
15		41	
16		42	
17		43	
18		44	
19		45	
20		46	
21		47	
22		48	
23		49	
24		50	
25		51	
26		52	

Planejamento anual

jan	fev	mar	abr	mai	jun
01					
02					
03					
04					
05					
06					
07					
08					
09					
10					
11					
12					
13					
14					
15					
16					
17					
18					
19					
20					
21					
22					
23					
24					
25					
26					
27					
28					
29					
30					
31					

Planejamento anual

	jul	ago	set	out	nov	dez
01						
02						
03						
04						
05						
06						
07						
08						
09						
10						
11						
12						
13						
14						
15						
16						
17						
18						
19						
20						
21						
22						
23						
24						
25						
26						
27						
28						
29						
30						
31						

Planejamento janeiro

DOM	SEG	TER
02	03	04
09	10	11
16	17	18
23 – 30	24 – 31	25

Planejamento janeiro

QUA	QUI	SEX	SÁB
			Confraternização Universal **01**
05	06	07	08
12	13	14	15
19	20	21	22
26	27	28	29

Objetivos para janeiro

Não desperdice

Se eu tivesse que encher a mão de pó e soprá-lo, o que me restaria seria um rosto empoeirado. Quando Deus fez isso, criou um ser humano vivo, com fôlego e capaz de pensar, sentir, sonhar, amar, reproduzir-se e viver eternamente.

Sendo um destes seres humanos, eu posso falar "tomar", "prender" ou "economizar fôlego", mas estas são apenas expressões idiomáticas de linguagem. Eu não posso "prender" minha respiração para utilizá-la mais tarde. Se não usar o ar que eu tenho neste momento, vou perdê-lo e posso até perder a consciência.

Quando Deus soprou o fôlego de vida em Adão, Ele deu mais do que a vida; deu-lhe uma razão para viver: a adoração! Como disse o salmista: "Todo ser que respira louve ao Senhor. Aleluia!" (Salmo 150:6).

Isto quer dizer que estamos desperdiçando nosso fôlego quando o usamos para algo que não honra a Deus, em quem "…vivemos, e nos movemos, e existimos…" (Atos 17:28).

Embora não possamos soprar vida numa mão cheia de pó, podemos usar nosso fôlego para confortar, cantar canções de louvor e correr para ajudar os doentes e oprimidos. Quando usamos o nosso ato de respirar para honrar o nosso Criador com nossa combinação singular de talentos, habilidades e oportunidades nunca o desperdiçamos.

Aplicação pessoal
_____
_____
_____
_____
_____
_____
_____

Orar por
_____
_____

Tudo aquilo que sou e tenho, devo a Jesus.

Semana abençoada

Metas da semana

Comprar

Fazer

Ideias

Prepare-se para uma semana de recomeços
LEITURA: Eclesiastes 9:4-12

Novo ano, novas prioridades

Tudo que fizer, faça bem feito...
ECLESIASTES 9:10

Sempre quis aprender a tocar violoncelo, mas nunca tive tempo de me matricular num curso. Ou, melhor dizendo, nunca arranjei tempo para isso. Pensava que, no Céu, eu provavelmente dominaria esse instrumento. Nesse meio tempo, queria concentrar-me em usar o meu tempo para servir a Deus das formas como Ele me chamou a fazer. A vida é curta, e muitas vezes nos sentimos pressionados a usar o máximo do nosso tempo na Terra. Mas o que isso realmente significa?

Ao contemplar o significado da vida, o rei Salomão nos deixou duas recomendações. A primeira é que devemos viver da forma mais significativa possível, o que inclui aproveitar as coisas boas que Deus nos permite experimentar na vida, tais como comida e bebida (v.7), roupas elegantes e perfume (v.8), casamento (v.9) e todos os dons de Deus, os quais podem incluir aprender a tocar violoncelo!

A segunda recomendação tem a ver com o fazer bem feito (v.10). A vida é cheia de oportunidades, e sempre há algo mais a ser feito. Devemos aproveitar as oportunidades que Deus nos dá, buscando Sua sabedoria sobre como priorizar a obra e usar nossos dons para servi-lo.

A vida é um dom maravilhoso do Senhor. Nós o honramos quando temos prazer em Suas bênçãos diárias e em servi-lo de forma significativa.

Poh Fang Chia

Janeiro

DOM 26	SEG 27	TER 28
manhã	manhã	manhã
tarde	tarde	tarde
noite	noite	noite

Semana abençoada

Metas da semana

Comprar

Fazer

Ideias

Prepare-se para uma semana de relacionamentos

LEITURA: Filipenses 2:1-11

A mentalidade parasita

*Não procurem apenas os próprios interesses,
mas preocupem-se também com os interesses alheios.*
FILIPENSES 2:4

A Palavra de Deus é um livro de relacionamentos. Nos Dez Mandamentos, os quatro primeiros regulam como nos relacionamos com Deus; os outros seis dizem respeito ao próximo. O Senhor se move através dos relacionamentos.

Em Provérbios 30:15 lemos: "A sanguessuga tem duas bocas que dizem: 'Mais, mais!'…". Parasitas como a sanguessuga vivem para se alimentar dos outros. Infelizmente, muitos agem assim nos relacionamentos. Quando os jovens vêm a mim falando que querem se casar para serem felizes, eu lhes digo que, se querem ser felizes, não devem se casar. Normalmente, eu os assusto, mas explico-lhes que a ideia de Deus para o casamento não é *ser* feliz, mas *fazer* feliz.

Essa é a perspectiva do Senhor para todas as relações humanas. Muitos relacionamentos terminam arruinados porque alguns agem como "parasitas", mesmo inconscientemente. Não só nos casamentos, mas até mesmo na igreja alguns chegam com a mentalidade de consumo. Exigem alta qualidade no serviço a si, mas eles mesmos não servem. Quem age assim pratica o parasitismo. Por outro lado, aquele que se doa está conectado ao coração de Deus.

O que buscamos em nossos relacionamentos: oferecer ou receber? Responder essa pergunta o tornará frutífero, levando-o a alcançar a maturidade. Pensemos na forma de nos relacionarmos sob a perspectiva bíblica da autodoação.

Lisa M. Samra

Janeiro

DOM 02	SEG 03	TER 04
manhã	manhã	manhã
tarde	tarde	tarde
noite	noite	noite

Semana abençoada

Metas da semana

Comprar

Fazer

Ideias

Prepare-se para uma semana de reflexões
Leitura: Gênesis 3:1-10

Olhos firmemente fechados

...ouviram o Senhor Deus caminhando pelo jardim e se esconderam dele entre as árvores.
Gênesis 3:8

Meu sobrinho sabia que não deveria ter agido daquele jeito. Era fácil perceber que ele sabia que estava errado: estava escrito em sua face! Quando me sentei para conversar sobre o seu erro, ele fechou rapidamente os olhos com força. Lá estava ele, pensando (com a lógica de um garoto de 3 anos) que, se ele não me visse, eu também não seria capaz de vê-lo. Achava que, se estivesse invisível para mim, poderia evitar a conversa e as consequências que ele já esperava.

Estava feliz por *poder* vê-lo naquele momento. Ainda que eu não pudesse admitir as atitudes dele, e precisávamos conversar sobre elas, eu não queria que algo acontecesse entre nós. Eu queria que ele me olhasse e visse o quanto eu o amava e estava disposta a lhe perdoar! Naquele momento, tive um vislumbre de como talvez Deus se sentiu quando Adão e Eva traíram Sua confiança no jardim do Éden. Percebendo a própria culpa, eles tentaram se esconder de Deus (v.10), que podia "vê-los" tão claramente quanto eu era capaz de ver o meu sobrinho.

Quando percebemos que agimos mal, muitas vezes queremos evitar as consequências. Fugimos, nos escondemos ou fechamos os olhos para a verdade. Uma vez que Deus nos responsabiliza com base em Seu padrão de justiça, Ele nos vê (e nos busca!), porque nos ama e nos oferece perdão por meio de Jesus Cristo.

Kirsten H. Holmberg

Janeiro

DOM 09
manhã

tarde

noite

SEG 10
manhã

tarde

noite

TER 11
manhã

tarde

noite

Semana abençoada

Metas da semana

Comprar

Fazer

Ideias

Prepare-se para uma semana de transformações

LEITURA: 2 Crônicas 33:9-17

Transformados e transformando

*Depois, restaurou o altar do Senhor [...].
Também incentivou o povo de Judá a adorar o Senhor...*
2 Crônicas 33:16

Tani e Modupe Omideyi cresceram na Nigéria e foram estudar no Reino Unido no final dos anos 70. Transformados pela graça de Deus, nunca imaginaram que seriam usados para transformar uma das comunidades mais carentes e segregadas da Inglaterra: Anfield, em Liverpool. Enquanto o casal buscava a Deus e servia à comunidade, o Senhor restaurava a esperança de muitos. Hoje, eles lideram uma igreja vibrante e trabalham em projetos comunitários que transformaram inúmeras vidas.

Manassés mudou sua comunidade; primeiro para o mal e depois para o bem. Coroado rei de Judá aos 12 anos, ele fez o povo desviar-se e cometer atos ruins durante anos (vv.1-9). Eles não prestaram atenção aos alertas de Deus, e, assim, o Senhor permitiu que Manassés fosse levado como prisioneiro para a Babilônia (vv.10,11).

Na angústia, o rei clamou a Deus, que o ouviu e lhe restaurou o reino (vv.12,13). Transformado, o rei reconstruiu os muros da cidade e livrou-se dos deuses estranhos (vv.14,15). "Depois, restaurou o altar do SENHOR [...] Também incentivou o povo de Judá a adorar o SENHOR..." (v.16). Observando a transformação de Manassés, os israelitas também foram transformados (v.17).

Que Deus possa nos transformar e impactar nossas comunidades por nosso intermédio.

Ruth O'Reilly-Smith

Semana abençoada

Metas da semana

Comprar

Fazer

Ideias

Prepare-se para uma semana de expectativas
Leitura: 1 Samuel 16:1-7

Um homem comum

As pessoas julgam pela aparência exterior, mas o Senhor olha para o coração.
1 Samuel 16:7

William Carey era um menino doente de uma família humilde da Inglaterra. Seu futuro não parecia promissor. Mas Deus tinha planos para ele. Contra todas as expectativas, ele se mudou para a Índia, onde realizou reformas sociais incríveis e traduziu a Bíblia para diversos dialetos. Ele amava a Deus e as pessoas e Carey realizou muitos feitos para o Senhor.

Davi, filho de Jessé, era um jovem comum, o mais novo da família. Aparentemente, ele era um insignificante pastor de ovelhas (vv.11,12). Porém, Deus viu o coração desse pastor e idealizou um plano para ele. O Senhor tinha rejeitado o rei Saul por sua desobediência. Enquanto o profeta Samuel lamentava as escolhas de Saul, Deus o chamou para ungir um rei diferente, um dos filhos de Jessé.

Quando Samuel viu o belo e alto Eliabe, pensou: "Com certeza este é o homem que o Senhor ungirá" (v.6). No entanto, a estratégia de Deus era muito diferente daquela do profeta. Na verdade, Deus disse "não" a cada um dos filhos de Jessé, exceto para o mais novo. Definitivamente, à primeira vista, o fato de Deus escolher Davi como rei não parecia um movimento estratégico da parte do Senhor. O que um jovem pastor teria a oferecer à comunidade?

É reconfortante saber que o Senhor conhece o nosso coração e tem planos para nós.

Estera Pirosca Escobar

Janeiro

DOM 23	SEG 24	TER 25
☐☐☐☐☐☐☐☐	☐☐☐☐☐☐☐☐	☐☐☐☐☐☐☐☐
manhã	manhã	manhã
tarde	tarde	tarde
noite	noite	noite

Semana abençoada

Metas da semana

Comprar

Fazer

Ideias

Prepare-se para uma semana de perseverança

Leitura: João 6:47-51,60-66

Que tipo de Salvador Ele é?

Nesse momento, muitos de seus discípulos se afastaram dele e o abandonaram.
João 6:66

Ano passado, minhas amigas e eu oramos pela cura de três mulheres que lutavam contra o câncer. Sabíamos que Deus tinha o poder de curá-las e pedíamos que Ele agisse todos os dias. Havíamos visto a ação de Deus no passado e críamos que Ele poderia agir de novo. Às vezes a cura parecia uma realidade, e nós nos alegrávamos. Mas todas morreram naquele mesmo ano. Alguns disseram que aquela foi "a cura definitiva" e, de certa forma, era. Mesmo assim, a perda nos feriu profundamente. Queríamos que o Senhor as tivesse curado aqui e agora, mas por razões que não podemos compreender, nenhum milagre aconteceu.

Algumas pessoas seguiam Jesus por Seus milagres e para que Ele suprisse suas necessidades (vv.2,26). Algumas simplesmente o viam como o filho do carpinteiro (Mateus 13:55-58), e outras esperavam que Ele fosse seu líder político (19:37,38). Outras pensavam que Ele era um grande mestre (Mateus 7:28,29) enquanto outras deixaram de segui-lo porque o Seu ensino era difícil de entender (v.66).

Jesus nem sempre atende às nossas expectativas com relação a Ele. No entanto, Ele é muito mais do que podemos imaginar. Ele é o provedor da vida eterna (vv.47,48). Ele é bom, sábio, ama, perdoa, permanece perto e nos consola. Que possamos descansar em Jesus por quem Ele é e continuar seguindo os Seus passos.

Anne M. Cetas

Janeiro

DOM 30
manhã

tarde

noite

SEG 31
manhã

tarde

noite

TER 01
manhã

tarde

noite

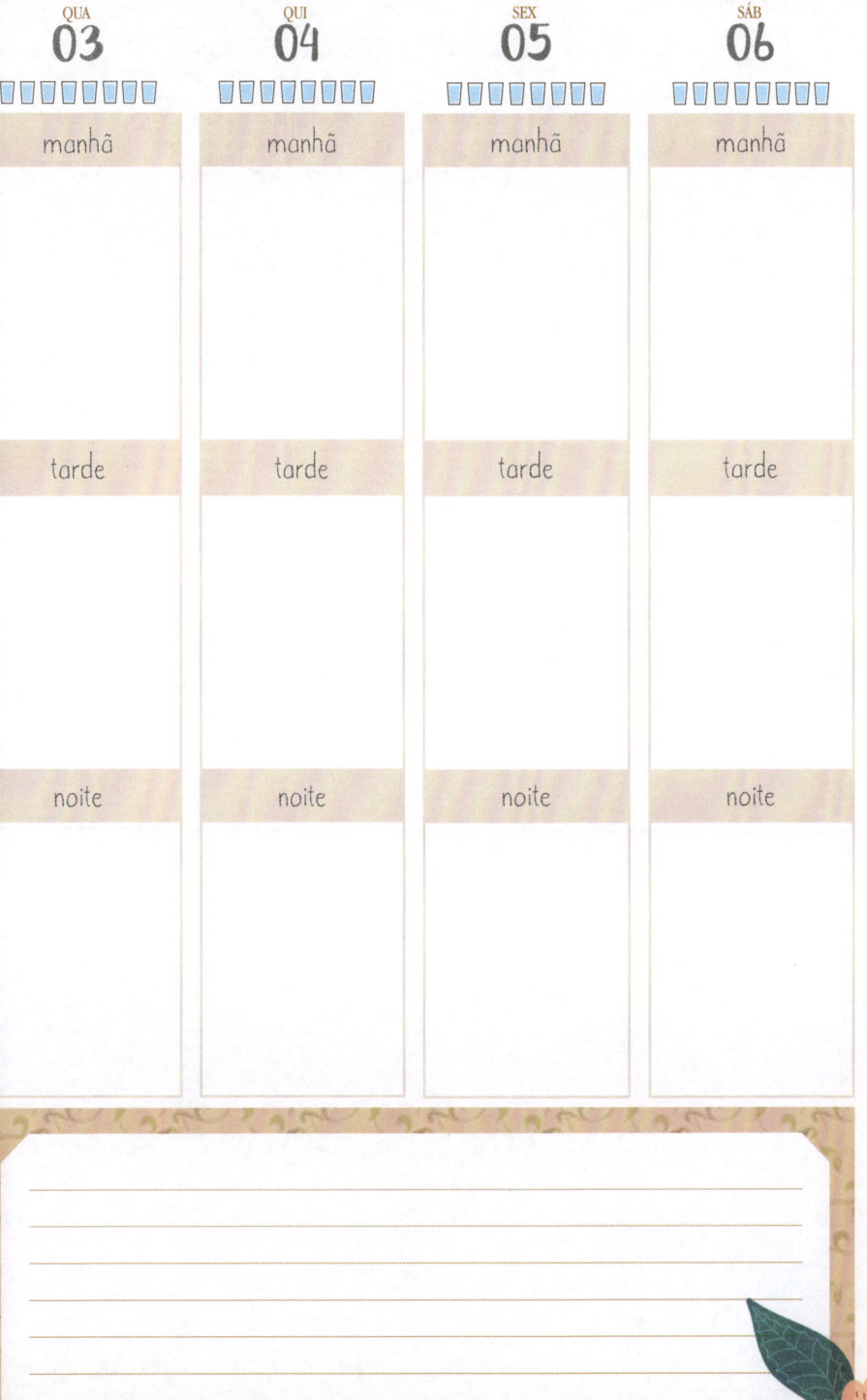

Planejamento fevereiro

DOM	SEG	TER
		01
06	07	08
13	14	15
20	21	22
27	28	

Planejamento fevereiro

QUA	QUI	SEX	SÁB
02	03	04	05
09	10	11	12
16	17	18	19
23	24	25	26

Objetivos para fevereiro

Escreva seus planos
a lápis e deixe
a borracha com Deus.

No lava car

Jamais me esquecerei da primeira vez que usei um lava car automático. Aproximei-me dele com o mesmo temor que sinto quando vou ao dentista, coloquei o dinheiro na máquina, nervosa verifiquei as janelas duas vezes, desacelerei o carro até a fila, e esperei. Forças além do meu controle começaram a mover meu carro para frente como se ele estivesse numa esteira rolante. Lá estava eu, enclausurada, quando uma forte rajada de água, sabão e escovas atingiu meu carro vindo de todos os lados. *E se eu ficar presa aqui ou a água entrar?* Pensei de modo irracional. De repente os jatos de água pararam. Após uma secagem a ar, meu carro foi empurrado de volta ao mundo exterior, limpo e polido.

Em meio a tudo isto, lembrei-me de alguns momentos da minha vida em que eu parecia estar em uma esteira rolante, vítima de forças além do meu controle. Eu agora as chamo de "experiências no lava car". Lembrei-me de que sempre que passei por águas profundas meu Redentor esteve comigo, protegendo-me da maré que subia (Isaías 43:2). Quando saí do outro lado, o que sempre ocorreu, eu era capaz de dizer com alegria e confiança: "Ele é um Deus fiel!".

Você está no meio de uma experiência como esta do lava car? Confie que Deus a levará até o outro lado. Você então poderá ser uma testemunha brilhante do Seu poder sustentador.

Joanie Yoder

Aplicação pessoal
_____
_____
_____
_____
_____
_____

Orar por
_____
_____

Um túnel de provações pode produzir um testemunho brilhante.

Semana abençoada

Metas da semana

Comprar

Fazer

Ideias

Prepare-se para uma semana de paz
LEITURA: Efésios 3:16-21

Dimensões infinitas

...peço que [...] vocês possam compreender a largura, o comprimento, a altura e a profundidade do amor de Cristo.
EFÉSIOS 3:18

Deitada, prendi a respiração ao clique da máquina. Eu conhecia muitos que já tinham feito ressonância magnética, mas, para uma claustrofóbica como eu, a experiência exigia concentração em algo ou Alguém muito maior do que eu mesma.

Em minha mente, a frase das Escrituras: "a largura, o comprimento, a altura e a profundidade do amor de Cristo" (v.18), se movia no ritmo do zumbido da máquina. Em sua oração pela igreja de Éfeso, Paulo descreveu quatro dimensões do amor de Deus para destacar os parâmetros infinitos de Seu amor e presença.

Minha posição lá deitada dava uma nova imagem ao meu entendimento. Largura: os 15 cm de cada lado onde meus braços se espremiam dentro do tubo. Comprimento: a distância entre as duas aberturas do cilindro, estendendo-se da minha cabeça aos meus pés. Altura: os 15 cm do meu nariz ao "teto" do tubo. Profundidade: o suporte do tubo fixo ao piso que me sustentava. Quatro dimensões que ilustravam a presença de Deus me cercando e me segurando no tubo de ressonância — e em todas as circunstâncias da vida.

O amor de Deus está por *todos* os lados. Largura: Ele estende os braços para alcançar as pessoas de todos os lugares. Comprimento: Seu amor é infinito. Altura: Ele nos eleva. Profundidade: Ele nos ampara em todas as situações. Nada pode nos separar dele! (ROMANOS 8:38,39).

Elisa Morgan

Fevereiro

DOM 30	SEG 31	TER 01
manhã	manhã	manhã
tarde	tarde	tarde
noite	noite	noite

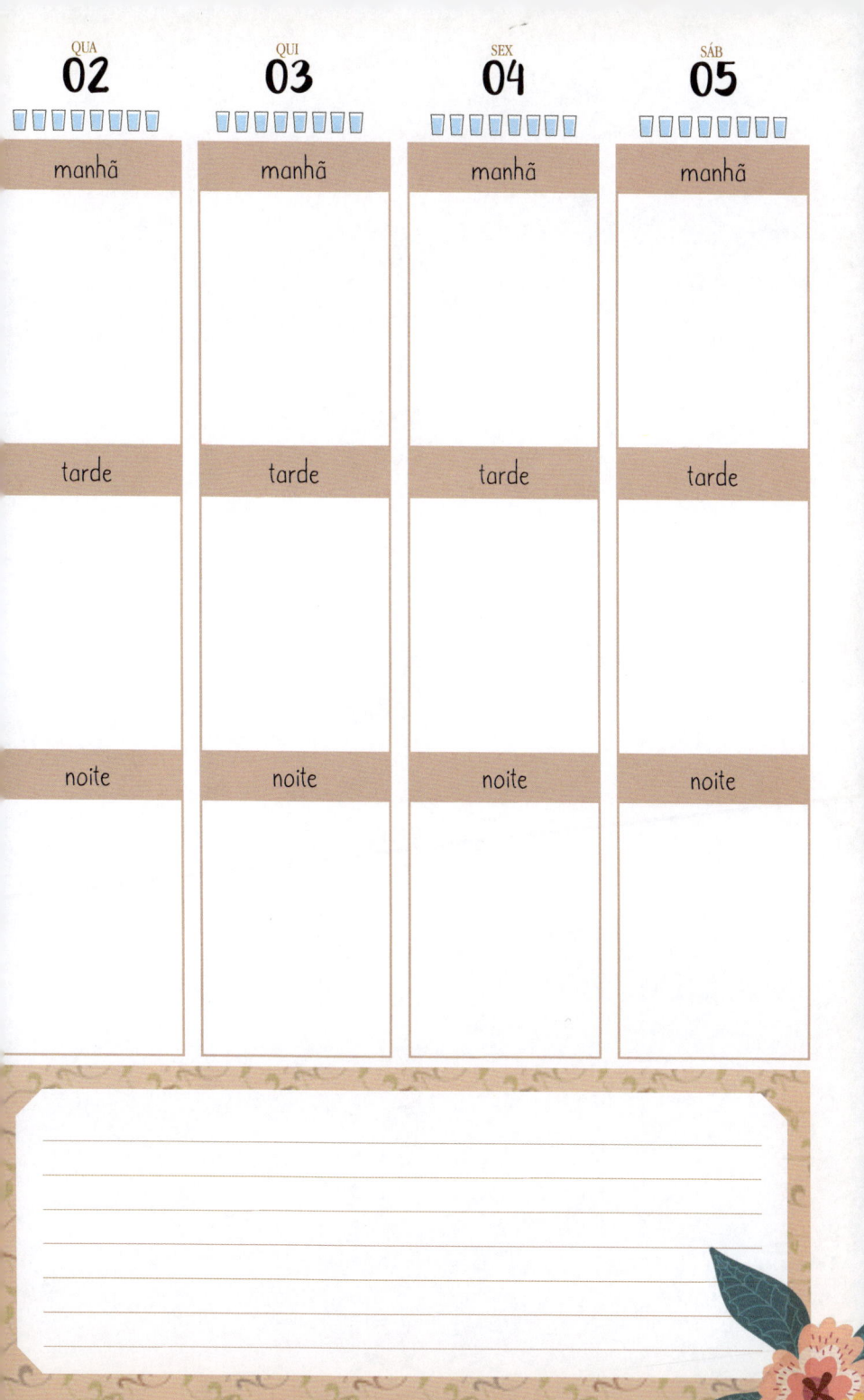

QUA 02	QUI 03	SEX 04	SÁB 05
manhã	manhã	manhã	manhã
tarde	tarde	tarde	tarde
noite	noite	noite	noite

Semana abençoada

Metas da semana

Comprar

Fazer

Ideias

Prepare-se para uma semana de empatia

LEITURA: 1 Tessalonicenses 5:11-18

A situação dos lagostins

...procurem sempre fazer o bem uns aos outros e a todos.
1 Tessalonicenses 5:15

Quando o meu primo me convidou para ir pescar lagostins, fiquei muito entusiasmada. Sorri quando ele me deu um balde de plástico. "Sem tampa?". "Você não vai precisar de tampa", ele respondeu.

Mais tarde, ao observar os pequenos crustáceos subindo uns nos outros na vã tentativa de fugir do balde quase cheio, percebi por que não precisaríamos de tampa. Sempre que um lagostim chegava à borda, os outros o puxavam de volta.

Aquela situação me fez lembrar do quanto é destrutivo pensar no nosso próprio ganho em vez de pensar no benefício coletivo. Paulo compreendia a necessidade dos relacionamentos edificantes e interdependentes. Ele aconselhou os tessalonicenses a advertir os indisciplinados, encorajar os desanimados, ajudar os fracos e a serem pacientes com todos (v.14). Elogiando essa comunidade (v.11), Paulo os incitou a manter relacionamentos mais amorosos e pacíficos (vv.13-15). Lutando para criar uma cultura de perdão, gentileza e compaixão, os relacionamentos deles com Deus e com o próximo seriam fortalecidos (vv.15,23).

A igreja pode crescer e ser testemunho de Cristo a partir desse tipo de unidade em amor. Quando os cristãos honram a Deus, comprometendo-se a edificar os outros em vez de derrubá-los com palavras ou ações, nós e nossas comunidades somos edificados.

Xochitl E. Dixon

Fevereiro

DOM 06
manhã
tarde
noite

SEG 07
manhã
tarde
noite

TER 08
manhã
tarde
noite

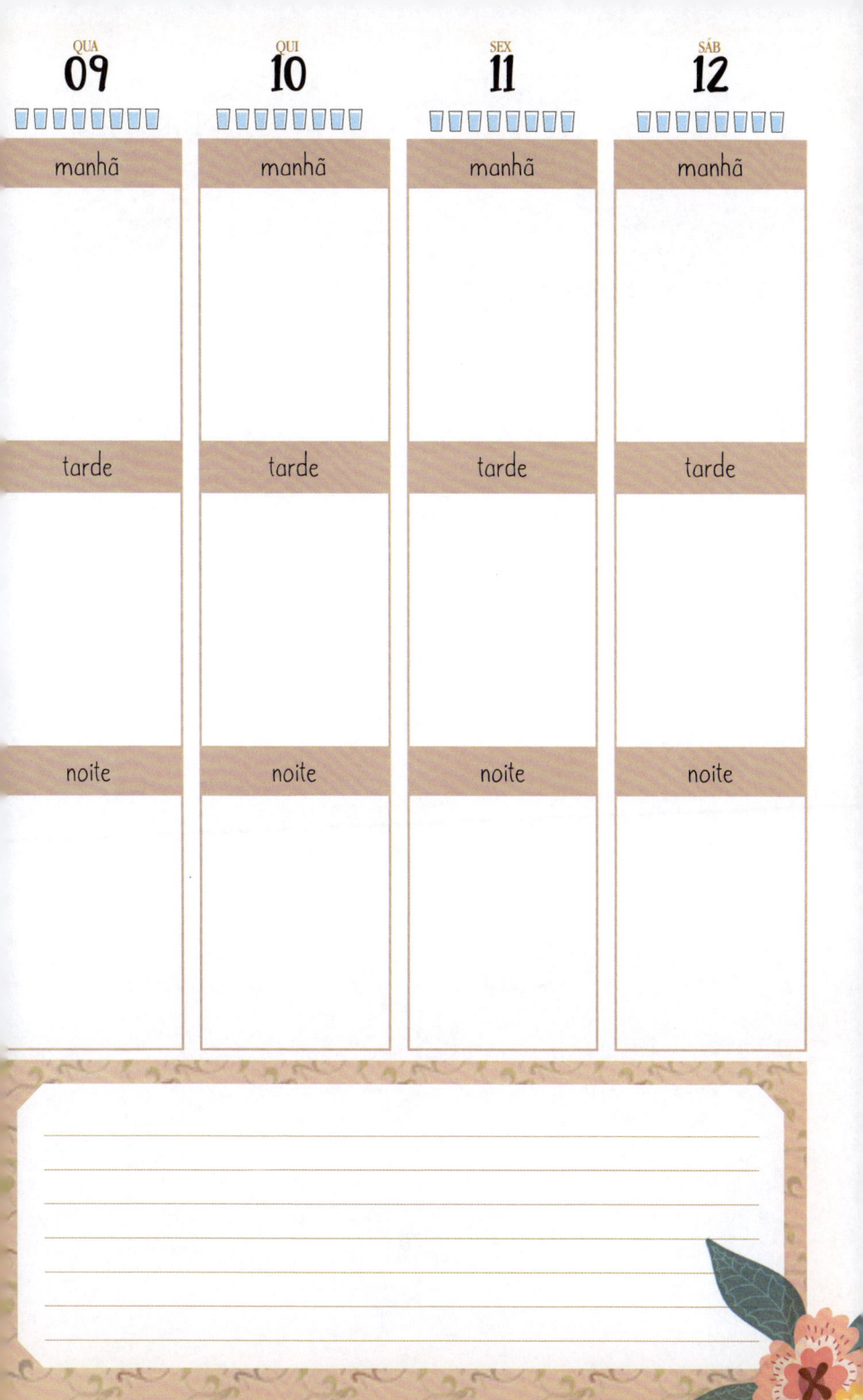

QUA **09**	QUI **10**	SEX **11**	SÁB **12**
manhã	manhã	manhã	manhã
tarde	tarde	tarde	tarde
noite	noite	noite	noite

Semana abençoada

Metas da semana

Comprar

Fazer

Ideias

Prepare-se para uma semana de alívio

Leitura: Salmo 42:1-11

Uma canção na noite

> ...se esperamos por algo que ainda não temos, devemos fazê-lo com paciência e confiança.
> ROMANOS 8:25

A vida do meu pai foi cheia de anseios. Ele ansiava por plenitude mesmo quando o mal de Parkinson incapacitava a sua mente e seu corpo. Ansiava por paz, mas era atormentado pela depressão. Ansiava por sentir-se amado, mas sentia-se profundamente só.

Ele se sentia menos desamparado quando lia as palavras do Salmo 42, seu salmo favorito. Como ele, o salmista também conhecia a sede insaciável de cura (vv.1,2). O salmista conhecia a tristeza que parecia nunca ir embora (v.3), fazendo dos momentos de pura alegria uma lembrança distante (v.6). Como o meu pai, o salmista diante de ondas de caos e dor se sentia abandonado por Deus e perguntava: "Por quê?" (vv.7,9).

E, à medida que as palavras do salmo o inundavam, garantindo-lhe que ele não estava só, meu pai sentia o início de uma paz silenciosa e ouvia uma voz suave dizendo-lhe que, mesmo sem respostas, mesmo esmagado pelas ondas, ele ainda era amado (v.8).

De alguma forma, ouvir essa silenciosa canção de amor na noite bastava. Era o suficiente para ele agarrar-se às centelhas de esperança, amor e alegria. Bastava para ele esperar com paciência o dia em que seus anseios seriam finalmente satisfeitos (vv.5,11).

Monica La Rose

Fevereiro

DOM **13**	SEG **14**	TER **15**
manhã	manhã	manhã
tarde	tarde	tarde
noite	noite	noite

QUA **16**	QUI **17**	SEX **18**	SÁB **19**
manhã	manhã	manhã	manhã
tarde	tarde	tarde	tarde
noite	noite	noite	noite

Semana abençoada

Metas da semana

Comprar

Fazer

Ideias

Prepare-se para uma semana de resistência
Leitura: Oseias 11:8-11

Do que você não pode desistir?

...nada [...] jamais poderá nos separar do amor de Deus.
Romanos 8:39

"Do que você não pode desistir?", perguntou o apresentador. Alguns ouvintes responderam mencionando a família, incluindo um marido que compartilhava as lembranças da sua falecida esposa. Outros contaram que não poderiam desistir dos sonhos, como viver da música ou de ser mãe. Todos nós temos algo que valorizamos muito: uma pessoa, uma paixão, um bem, algo do qual não podemos desistir.

Em Oseias, Deus nos diz que não desistirá do Seu povo escolhido, Israel, Seu bem mais precioso. Como um marido amoroso, Deus sustentou Israel com tudo o que a nação precisava: terra, alimento, roupas e segurança. Mesmo assim, como uma esposa adúltera, Israel rejeitou Deus e buscou felicidade e segurança em outro lugar. Quanto mais Deus o perseguia, mais o povo se afastava (Oseias 11:2). Entretanto, embora o povo tenha magoado o Senhor, Deus não desistiu de Israel (v.8). Ele disciplinava o povo para redimi-lo; Seu desejo era reestabelecer o relacionamento com os israelitas (v.11).

Hoje, todos os filhos de Deus podem ter a mesma garantia: Seu amor por nós nunca nos abandonará (vv.37-39). Se nos afastamos dele, Ele deseja que voltemos. Quando Deus nos disciplina, podemos ter o consolo de que se trata de um sinal de Sua busca, não de Sua rejeição. Ele não desistirá de nós.

Poh Fang Chia

Fevereiro

DOM 20	SEG 21	TER 22
manhã	manhã	manhã
tarde	tarde	tarde
noite	noite	noite

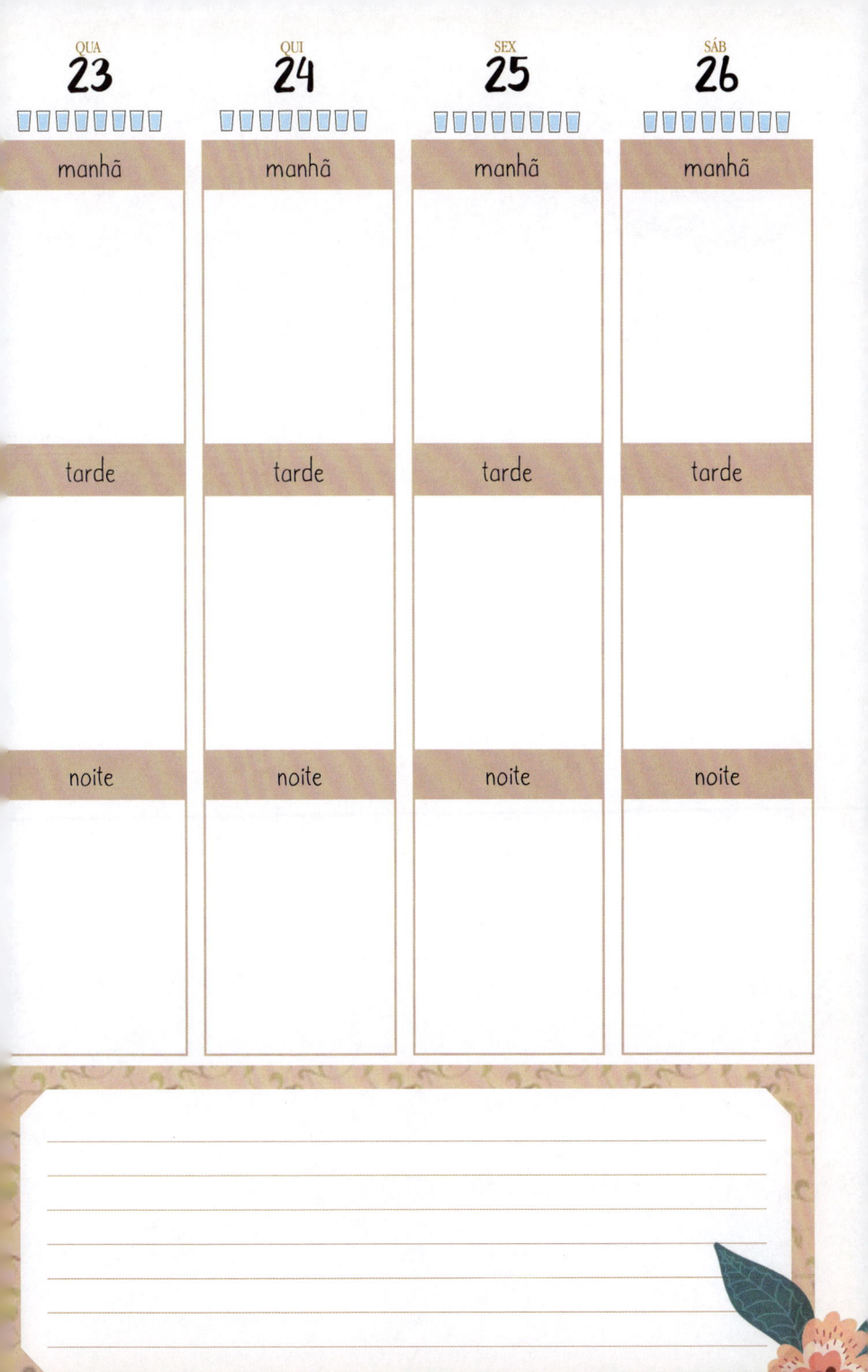

QUA **23**	QUI **24**	SEX **25**	SÁB **26**
manhã	manhã	manhã	manhã
tarde	tarde	tarde	tarde
noite	noite	noite	noite

Semana abençoada

Metas da semana

Comprar

Fazer

Ideias

Prepare-se para uma semana de fidelidade
Leitura: Provérbios 5

A beleza do amor

Seja abençoada a sua fonte!.
Provérbios 5:18

A dança mexicana do chapéu, também conhecida como "Jarabe Tapatío", celebra o romance. Durante essa dança contagiante, o homem coloca seu sombreiro no chão. Ao final, a mulher o ajunta, e ambos se escondem atrás do chapéu para selar o seu romance com um beijo.

Essa dança tradicional me lembra da importância da fidelidade no casamento. Em Provérbios 5, depois de falar sobre o alto preço da imoralidade, lemos que o casamento é exclusivo: "Beba a água de sua própria cisterna, compartilhe seu amor somente com a sua esposa" (v.15). Mesmo com dez casais dançando o *Jarabe* no salão, cada pessoa se foca apenas no próprio parceiro. Podemos alegrar-nos num compromisso profundo e integral com o nosso cônjuge (v.18).

Nosso romance também está sendo observado. Os dançarinos, enquanto se divertem com o parceiro, sabem que alguém os assiste. Da mesma forma, lemos: "Pois o Senhor vê com clareza o que o homem faz e examina todos os seus caminhos" (v.21). Deus quer proteger o nosso casamento e, por isso, observa-nos constantemente. Que possamos agradar o Senhor com a lealdade que demonstramos um ao outro..

Assim como o ritmo na dança *Jarabe* há um ritmo a se seguir na vida. Quando nos mantemos no ritmo do nosso Criador sendo fiéis a Ele — quer sejamos casados ou não —, encontramos bênçãos e alegria.

Keila Ochoa

Fevereiro

DOM 27
manhã
tarde
noite

SEG 28
manhã
tarde
noite

TER 01
manhã
tarde
noite

QUA 03
manhã
tarde
noite

QUI 04
manhã
tarde
noite

SEX 05
manhã
tarde
noite

SÁB 06
manhã
tarde
noite

Planejamento março

DOM	SEG	TER
		Carnaval **01**
06	07	08
13	14	15
20	21	22
27	28	29

Planejamento março

QUA	QUI	SEX	SÁB
02	03	04	05
09	10	11	12
16	17	18	19
23	24	25	26
30	31		

Objetivos para março

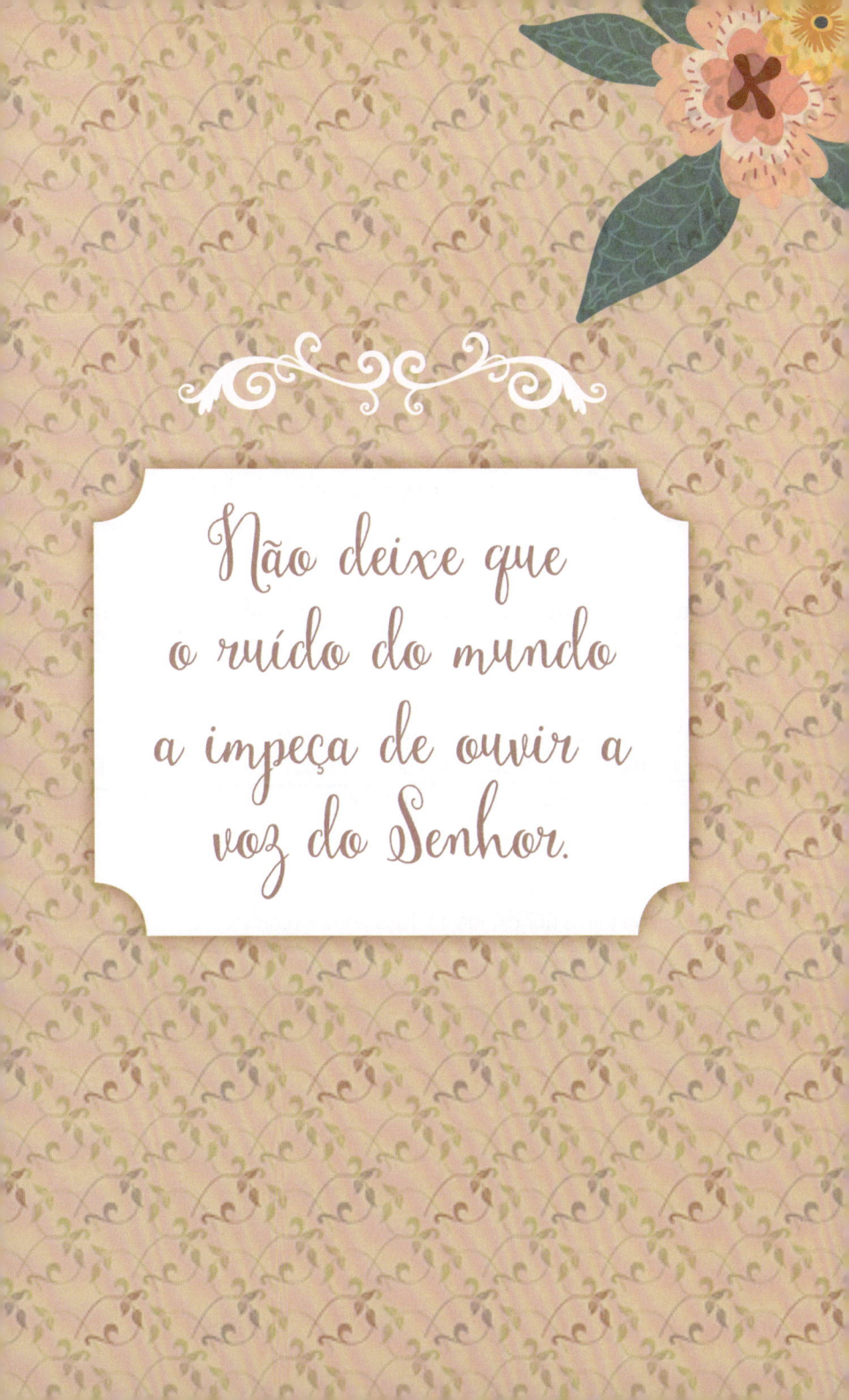

Não deixe que o ruído do mundo a impeça de ouvir a voz do Senhor.

Muito melhor

Depois de sofrer grandemente — primeiro com câncer, e depois com o duro regime alimentar — o pastor Dan Cummings estava cansado. Depois de duas semanas de tratamento no Texas, ele estava ansioso em voltar para casa. Dan postou em seu blog: "Hoje está muito melhor… incrível o que uma hidratação faz… Voarei para casa no fim de semana para continuar o tratamento".

Ele realmente voltou para casa, mas alguns dias depois, sua jornada na Terra terminou. Ele foi para o lar eterno junto ao Pai — a quem ele amava com todas as partes do seu corpo enfraquecido, mas de espírito poderoso.

Quando li seu blog alguns dias mais tarde, suas palavras "Hoje está muito melhor" saltaram aos meus olhos. Sorri através de minhas lágrimas sabendo que Dan agora experimentava uma vida que é "…incomparavelmente melhor" (Filipenses 1:23).

Algum dia, nós que cremos no nome de Jesus também iremos àquele lugar onde "…a morte já não existirá, já não haverá luto, nem pranto, nem dor…". Lugar onde não haverá mais dor e onde um Pai amoroso promete que "…enxugará dos [nossos] olhos toda a lágrima…" (Apocalipse 21:4).

A vida que temos aqui não é tudo o que existe. Existe um lugar muito, muito melhor que Jesus está preparando para aqueles que o amam (João 14:2,3).

Cindy Hess Kasper

Aplicação pessoal

Orar por

A jornada da amizade com Deus também é importante, não apenas o destino.

Semana abençoada

Metas da semana

Comprar

Fazer

Ideias

Prepare-se para uma semana de contemplação

Leitura: Salmo 19:1-6

Canção da criação

Os céus proclamam a glória de Deus;
o firmamento demonstra a habilidade de suas mãos.
Salmo 19:1

Com a astronomia acústica, os cientistas observam e ouvem os sons e pulsos do espaço. Eles descobriram que as estrelas não orbitam em silêncio no céu, mas geram música. Assim como os sons da baleia jubarte, a ressonância das estrelas existe em comprimentos de onda ou frequências que podem não ser ouvidas pelo ouvido humano. Mas a música das estrelas, das baleias e de outras criaturas se combina para criar uma sinfonia que proclama a grandeza de Deus.

Salmo 19:1-4 diz: "Os céus proclamam a glória de Deus; o firmamento demonstra a habilidade de suas mãos. Dia após dia, eles continuam a falar; noite após noite, eles o tornam conhecido. Não há som nem palavras, nunca se ouve o que eles dizem. Sua mensagem, porém, chegou a toda a terra, e suas palavras, aos confins do mundo".

O apóstolo Paulo revela que, por meio de Jesus, "todas as coisas foram criadas, tanto nos céus como na terra, todas as coisas que podemos ver e as que não podemos […] Tudo foi criado por meio dele e para ele" (Colossenses 1:16). Em resposta, as alturas e profundidades do mundo cantam ao Criador. Que nos juntemos à criação para cantar a grandeza daquele que "mediu os céus com os dedos" (Isaías 40:12).

Remi Oyedele

Março

DOM 27
manhã
tarde
noite

SEG 28
manhã
tarde
noite

TER 01
Carnaval
manhã
tarde
noite

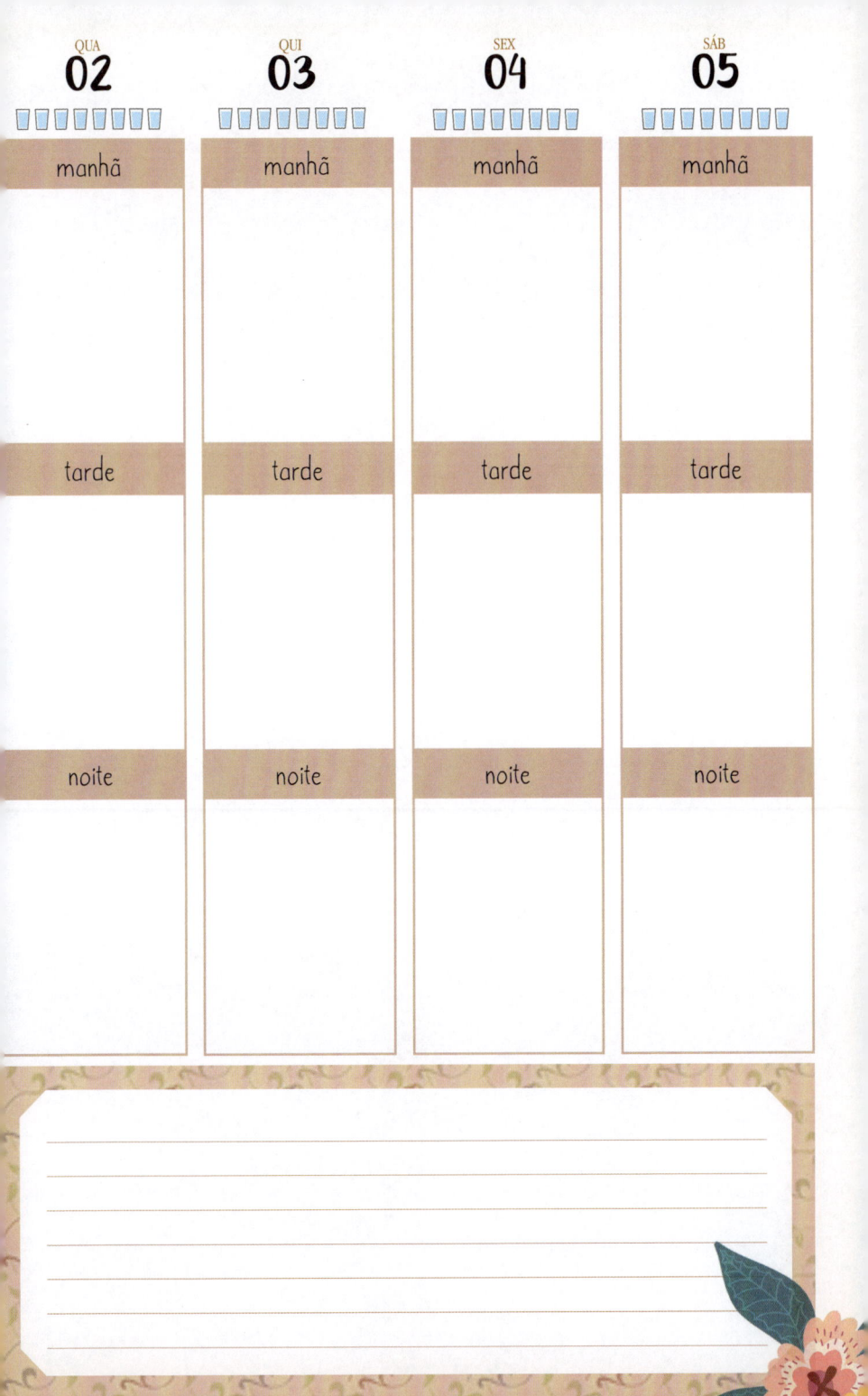

QUA **02**	QUI **03**	SEX **04**	SÁB **05**
manhã	manhã	manhã	manhã
tarde	tarde	tarde	tarde
noite	noite	noite	noite

Semana abençoada

Metas da semana

Comprar

Fazer

Ideias

Prepare-se para uma semana de autoconhecimento

LEITURA: Romanos 8:9-17

Sempre um filho de Deus

> Porque todos que são guiados pelo Espírito de Deus são filhos de Deus.
> ROMANOS 8:14

Durante um culto ao qual eu assistia com os meus pais, de acordo com a prática comum, demos as mãos ao orarmos o Pai Nosso. De pé, com uma das mãos segurando a mão da minha mãe e a outra segurando a do meu pai, fui tomada pelo pensamento de que sempre serei filha deles. Embora esteja na meia-idade, ainda posso ser chamada de "filha do Leo e da Phyllis". Refleti que não sou apenas filha deles, mas que serei sempre filha de Deus.

O apóstolo Paulo queria que as pessoas da igreja de Roma entendessem que a identidade delas se alicerçava no fato de serem membros adotados da família de Deus (v.15). Por terem nascido do Espírito (v.14), não precisavam mais ser escravizados às coisas que não importavam. Pelo dom do Espírito, eram "herdeiros [de Deus] e, portanto, co-herdeiros com Cristo" (v.17).

Para quem segue Cristo, que diferença isso faz? É bastante simples: toda! Nossa identidade como filhos de Deus provê a base e molda como nos enxergamos e vemos o mundo. Por exemplo, saber que fazemos parte da família de Deus nos ajuda a sair da nossa zona de conforto à medida que o seguimos. Também podemos ser livres de buscar a aprovação dos outros.

Hoje, por que não pensamos no que significa ser filho de Deus?

Amy Boucher Pye

Março

DOM 06

manhã

tarde

noite

SEG 07

manhã

tarde

noite

TER 08

manhã

tarde

noite

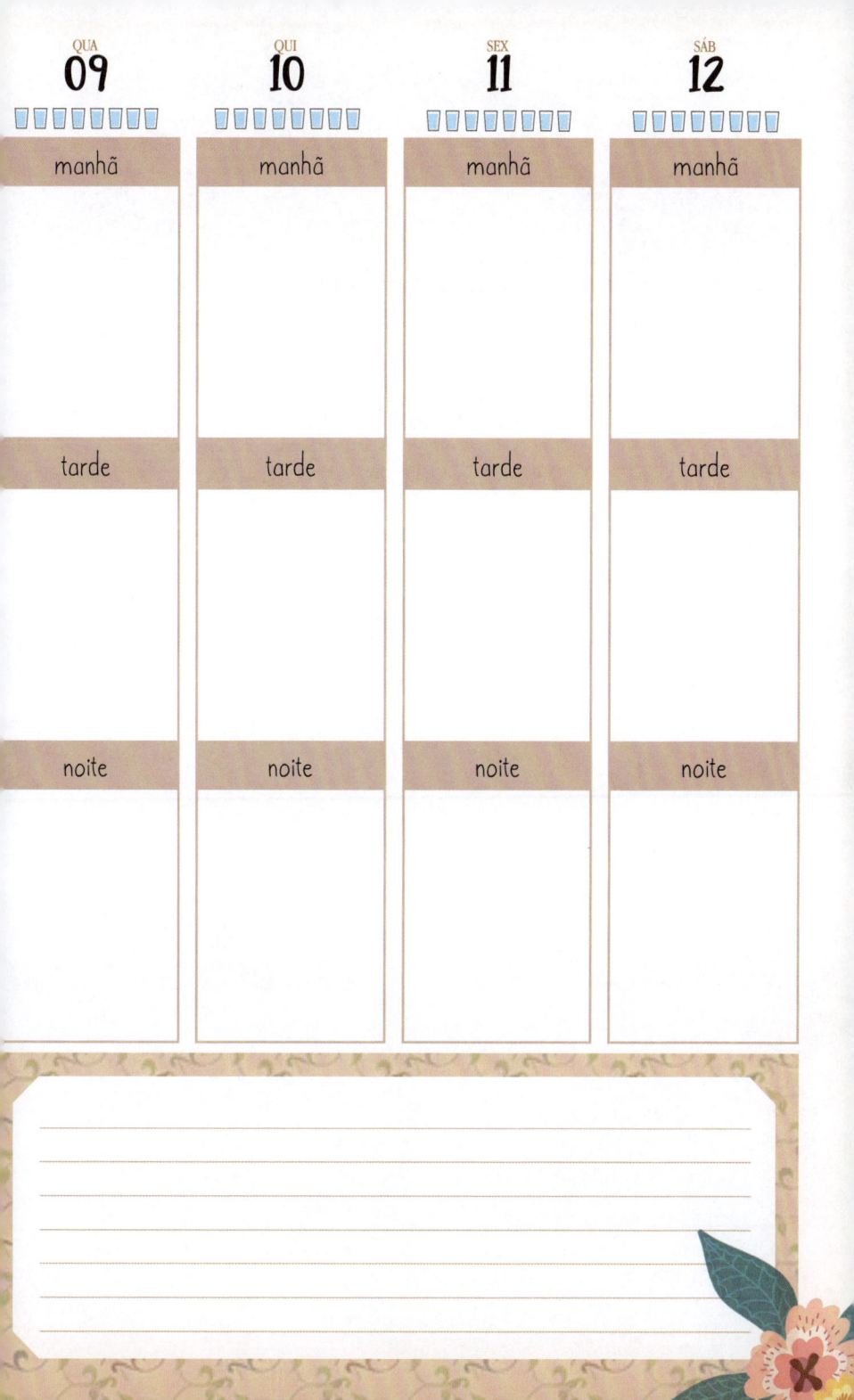

QUA 09	QUI 10	SEX 11	SÁB 12
manhã	manhã	manhã	manhã
tarde	tarde	tarde	tarde
noite	noite	noite	noite

Semana abençoada

Metas da semana

Comprar

Fazer

Ideias

Prepare-se para uma semana de generosidade
Leitura: Isaías 58:6-9

Um grande negócio

> Este é o tipo de jejum que desejo: [...]
> Libertem os oprimidos, removam as correntes que prendem as pessoas.
> **Isaías 58:6**

Um membro da família precisava de ajuda para pagar o seu aluguel do mês de dezembro. Para a família dele, o pedido parecia um fardo, principalmente com as despesas inesperadas que tiveram no final do ano. Mas, eles reviraram suas economias, gratos pela provisão de Deus — e foram abençoados pela gratidão do seu parente.

Ele lhes entregou um cartão de agradecimento. "Lá vão vocês de novo... fazendo coisas legais como se não fossem nada demais".

Mas ajudar os outros é um grande negócio para Deus. Isaías deixou isso claro para a nação de Israel. As pessoas estavam jejuando, mas ainda discutiam e brigavam. O profeta lhes disse: "Soltem os que foram presos injustamente, aliviem as cargas de seus empregados [...]. Repartam seu alimento com os famintos, ofereçam abrigo aos que não têm casa. Deem roupas aos que precisam, não se escondam dos que carecem de ajuda" (6,7).

Tal sacrifício, segundo o profeta, espalha a luz de Deus, mas também cura o nosso próprio sofrimento (v.8). Quando a família ajudou o parente, eles examinaram suas próprias finanças buscando formas de administrá-las melhor ao longo de todo o ano. Esta foi a promessa de Deus aos generosos: "Sua justiça os conduzirá adiante, e a glória do Senhor os protegerá na retaguarda" (v.8). No fim, ajudar o parente abençoou ainda mais a família. E Deus? Ele já doou o Seu Filho — com amor.

Patricia Raybon

Março

DOM 13 — manhã / tarde / noite

SEG 14 — manhã / tarde / noite

TER 15 — manhã / tarde / noite

QUA **16**	QUI **17**	SEX **18**	SÁB **19**
manhã	manhã	manhã	manhã
tarde	tarde	tarde	tarde
noite	noite	noite	noite

Semana abençoada

Metas da semana

Comprar

Fazer

Ideias

Prepare-se para uma semana de obediência

LEITURA: Salmo 119:33-48

Sem queimaduras de frio

> Faze-me andar em teus mandamentos,
> pois neles tenho prazer.
> SALMO 119:35

Num dia de inverno, meus filhos pediram para andar de trenó. A temperatura oscilava em torno de 17 graus negativos. Eu lhes permiti brincar apenas por 15 minutos e pedi que se agasalhassem e ficassem juntos.

Criei essas regras para que brincassem livremente sem sofrer queimaduras do frio. Acho que o autor do Salmo 119 reconheceu a mesma boa intenção de Deus ao redigir dois versos consecutivos que podem parecer contraditórios: "Continuarei a obedecer à tua lei" e "Andarei em liberdade, pois me dediquei às tuas ordens" (vv.44,45). De que maneira o salmista associou liberdade à vida espiritual de obediência à Lei?

Seguir as sábias instruções de Deus permite evitarmos as consequências das escolhas que mais tarde desejaríamos desfazer. Sem o peso da culpa ou dor, somos mais livres para viver com excelência. Deus não quer nos controlar com ordens sobre o que fazer ou não, ao contrário, Suas orientações demonstram que Ele nos ama.

Enquanto meus filhos brincavam de trenó, eu os contemplava ao deslizarem pela montanha. Eu sorria com suas risadas e bochechinhas rosadas. Estavam livres dentro dos limites que eu lhes dera. O mesmo paradoxo convincente se encontra em nosso relacionamento com Deus e nos faz dizer com o salmista: "Faze-me andar em teus mandamentos, pois nele tenho prazer" (v.35).

Jennifer Benson Schuldt

Março

	DOM **20**	SEG **21**	TER **22**
	manhã	manhã	manhã
	tarde	tarde	tarde
	noite	noite	noite

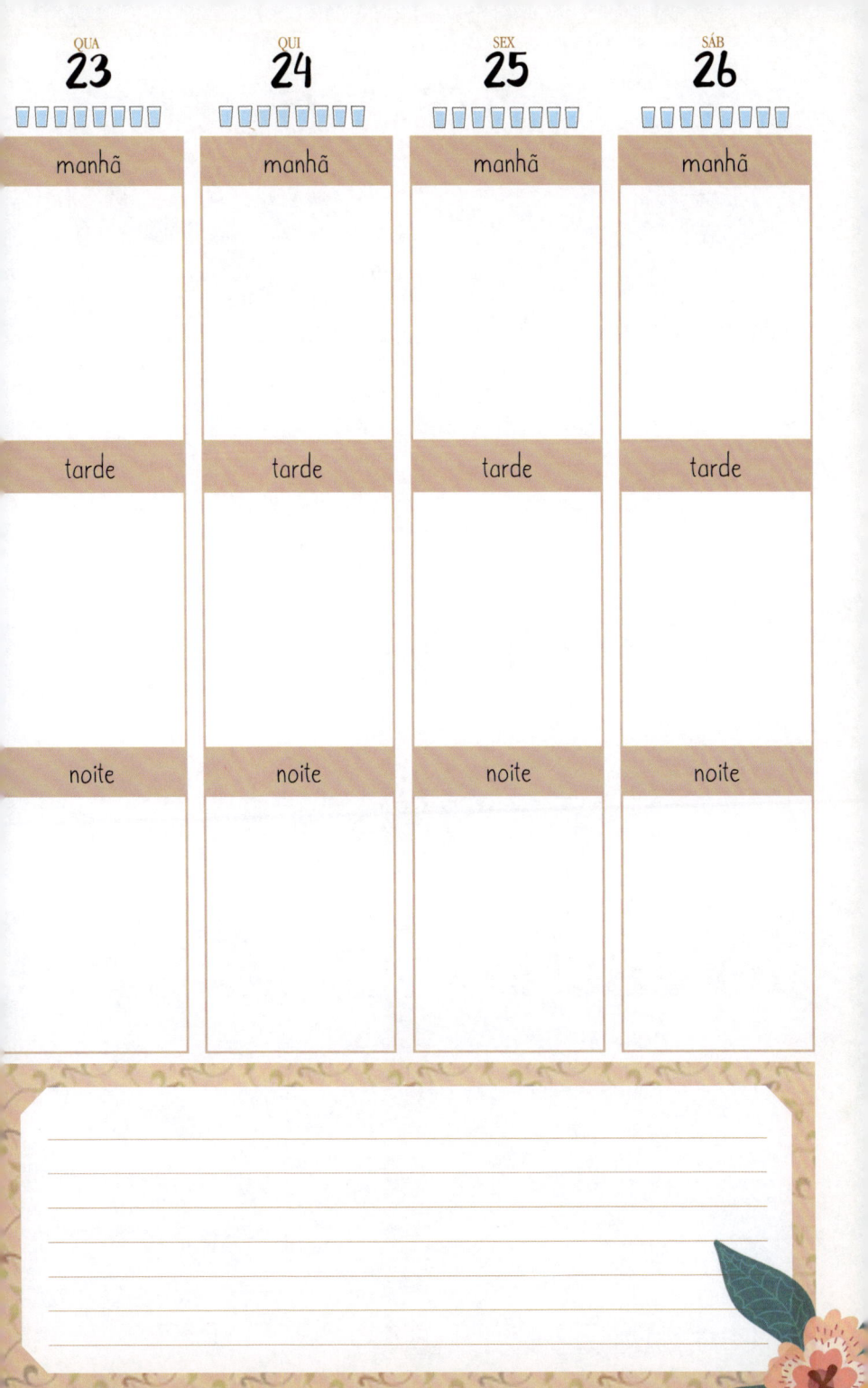

QUA 23	QUI 24	SEX 25	SÁB 26
manhã	manhã	manhã	manhã
tarde	tarde	tarde	tarde
noite	noite	noite	noite

Semana abençoada

Metas da semana

Comprar

Fazer

Ideias

Prepare-se para uma semana de posicionamento
LEITURA: Ester 4:5-14

Justos entre as nações

...justamente para uma ocasião como esta...
ESTER 4:14

No *Yad Vashem*, o museu do Holocausto de Israel, meu marido e eu fomos ao Jardim que honra as pessoas que arriscaram a vida para salvar judeus durante o Holocausto. Nele, encontramos um grupo da Holanda. Uma das mulheres procurava o nome dos avós gravado nas placas. Intrigados, perguntamos-lhe sobre a história da família.

Os avós dela, Rev. Pieter e Adriana Müller, como membros da resistência abrigaram um menino judeu de 2 anos fazendo-o passar como o caçula dos seu oito filhos. Movidos, perguntamos: "Ele sobreviveu?". Um senhor idoso colocou-se à frente e declarou: "Eu sou aquele menino!".

A coragem de muitos ao agir em favor do povo judeu me lembra a rainha Ester. Talvez a rainha pensasse que, por ter escondido sua etnia, ela poderia escapar do decreto do rei Xerxes de aniquilar os judeus. Mas Ester foi convencida a agir, mesmo sob risco de morte, quando seu primo lhe pediu para não silenciar sobre sua herança judaica porque ela tinha sido colocada nessa posição "justamente para uma ocasião como esta" (v.14).

Talvez nunca precisemos tomar uma decisão tão contundente. Mas provavelmente teremos de nos posicionar contra uma injustiça ou ficar em silêncio; ajudar alguém com problemas ou dar as costas. Que Deus nos conceda coragem.

Lisa M. Samra

Março

DOM 27	SEG 28	TER 29
manhã	manhã	manhã
tarde	tarde	tarde
noite	noite	noite

QUA **30**	QUI **31**	SEX **01**	SÁB **02**
manhã	manhã	manhã	manhã
tarde	tarde	tarde	tarde
noite	noite	noite	noite

Planejamento abril

DOM	SEG	TER
03	04	05
10	11	12
Páscoa 17	18	19
24	25	26

Planejamento abril

QUA	QUI	SEX	SÁB
		01	02
06	07	08	09
13	14	Paixão de Cristo 15	16
20	Tiradentes 21	22	23
27	28	29	30

Objetivos para abril

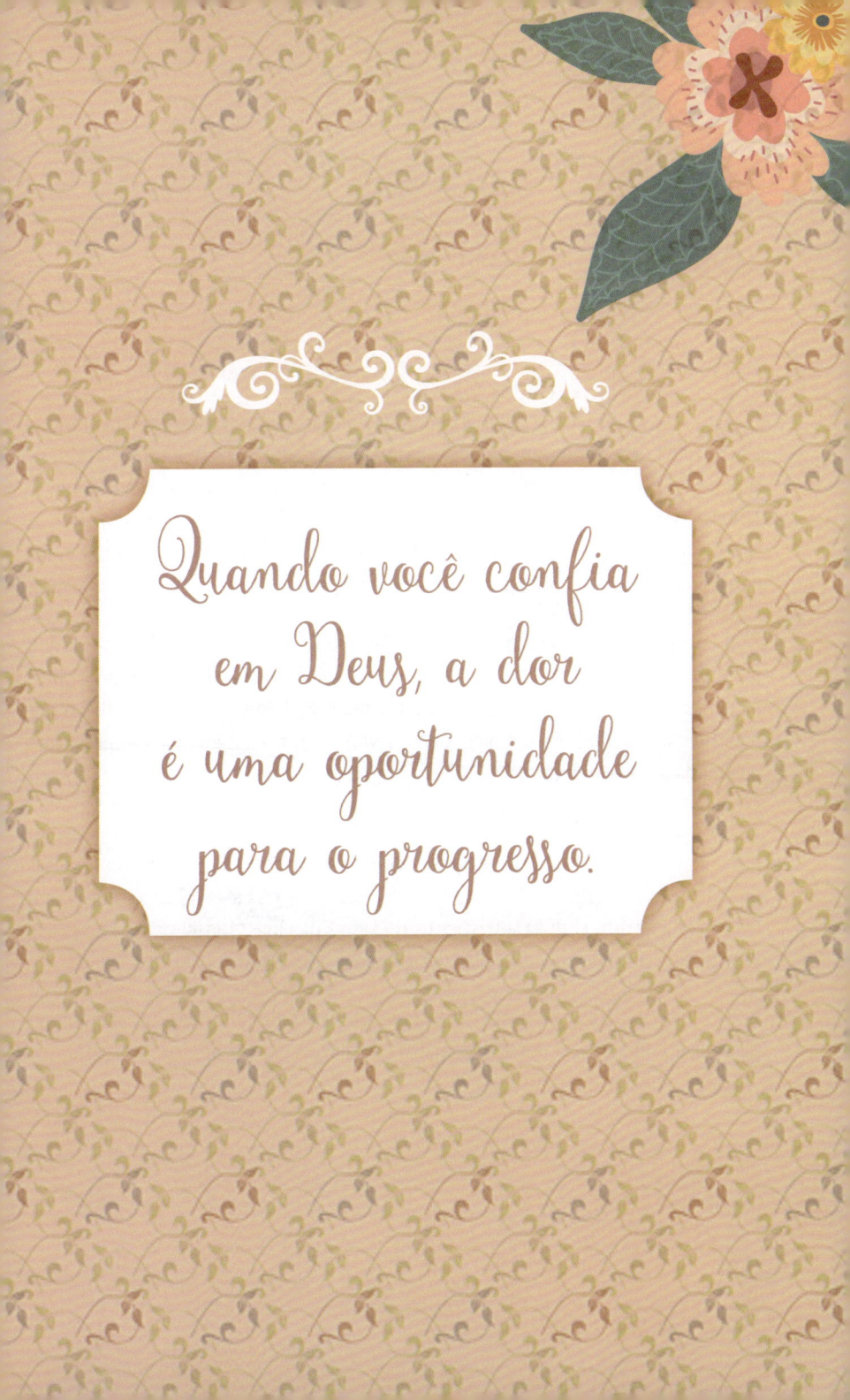

Quando você confia em Deus, a dor é uma oportunidade para o progresso.

Sou inocente!

Todos os 2.550 alunos de uma escola na Flórida, EUA, estavam em dificuldades. Um sistema de envio de mensagens notificou a todos os pais que todos os alunos seriam detidos na escola, naquele final de semana, devido ao mau comportamento. Muitas crianças pleitearam inocência, mas alguns pais ainda assim permitiram que recebessem o castigo. Uma mãe, Amélia, admitiu que gritara com seu filho e o fez cumprir a detenção no sábado.

Para o alívio de 2.534 alunos e constrangimento de alguns pais, descobriu-se que a mensagem automática fora enviada, mas não devia incluir todos os alunos, pois somente 16 crianças realmente mereciam a detenção! Amélia sentiu-se tão mal por não ouvir e acreditar em seu filho, que o levou a um restaurante para tomar o café da manhã naquele sábado.

Todos nós temos histórias para contar sobre circunstâncias que demonstraram nossa necessidade de ouvir antes de falar. Por natureza, somos tentados a julgar rapidamente e reagir com raiva. O livro de Tiago nos dá estas três exortações práticas para lidarmos com as situações estressantes da vida: "Todo homem, pois, seja pronto para ouvir, tardio para falar, tardio para se irar" (Tiago 1:19).

Nos estresses diários, devemos ser "praticantes da palavra" (v.22), investir tempo para ouvir e mostrar moderação com nossas palavras e irritações.

Anne M Cetas

Aplicação pessoal

_____
_____
_____
_____
_____
_____

Orar por

_____
_____

> Ouça para compreender, em seguida fale com amor.

Semana abençoada

Metas da semana

Comprar

Fazer

Ideias

Prepare-se para uma semana de inspiração
Leitura: Jó 37:14-24

Algas e diatomáceas

Pare e pense nos feitos maravilhosos de Deus!
Jó 37:14

"O que são diatomáceas?", perguntei para a minha amiga. Eu estava olhando as fotos do celular que ela tinha tirado de imagens feitas pelo microscópio. "São como algas, porém mais difíceis de ver. Às vezes, você precisa de uma gota de óleo nas lentes ou elas precisam estar mortas para que você as veja", ela explicou. Eu estava deslumbrada com as imagens. Não conseguia parar de pensar nos detalhes complexos que Deus criou e que podemos ver apenas com o microscópio!

A criação e as obras de Deus são infinitas. No livro de Jó, um dos seus amigos, Eliú, o desafia: "Preste atenção, Jó! Pare e pense nos feitos maravilhosos de Deus! Você sabe como Deus controla a tempestade e faz os relâmpagos brilharem nas nuvens? Você entende como ele move as nuvens com perfeição e conhecimento maravilhosos?" (vv.14-16). Como seres humanos, não podemos entender a complexidade de Deus e de Sua criação.

Até as partes da criação que não podemos ver refletem a glória e o poder de Deus. Sua glória nos cerca. Não importa pelo que passamos, Deus está agindo mesmo quando não vemos e não entendemos o Seu mover. Que o louvemos hoje, porque "Ele faz grandes coisas, maravilhosas demais para entender, e realiza milagres incontáveis" (Jó 5:9).

Julie Schwab

Abril

DOM 27	SEG 28	TER 29
manhã	manhã	manhã
tarde	tarde	tarde
noite	noite	noite

QUA **30**	QUI **31**	SEX **01**	SÁB **02**
manhã	manhã	manhã	manhã
tarde	tarde	tarde	tarde
noite	noite	noite	noite

Semana abençoada

Metas da semana

Comprar

Fazer

Ideias

Prepare-se para uma semana de restauração

Leitura: Joel 2:18-27

Restaurados

Eu lhes devolverei o que perderam por causa dos gafanhotos...

Joel 2:25

Em 2003, uma infestação de grilos mórmon causou um prejuízo de 25 milhões de dólares em colheitas perdidas. Eram tantos que as pessoas não conseguiam dar um passo sequer sem pisar em um grilo. O inseto, semelhante a um gafanhoto, foi o responsável por atacar as colheitas dos pioneiros de Utah, EUA, em 1848. Esse grilo pode comer incríveis 17 kg de plantas durante a vida apesar de medir entre 5 cm e 7 cm apenas. O impacto das infestações sobre o lucro dos fazendeiros e sobre a economia do estado ou país pode ser devastador.

O profeta Joel descreveu uma horda de insetos parecidos prejudicando toda a nação de Judá como resultado da desobediência coletiva. Ele profetizou uma invasão de gafanhotos (metáfora de um exército estrangeiro na opinião de alguns teólogos) como algo que nenhuma geração anterior presenciara (Joel 1:2). Os gafanhotos assolaram tudo em seu caminho, causando fome e miséria. Entretanto, se os israelitas deixassem os caminhos do pecado e pedissem perdão a Deus, Joel afirma que o Senhor lhes devolveria o que perderam por causa dos gafanhotos (2:25).

Também podemos aprender com a lição de Judá: como insetos, nossos erros se alimentam da vida frutífera que Deus planejou para nós. Quando nos voltamos para Ele e nos afastamos das escolhas do passado, Ele promete remover nossa vergonha e nos restaurar a uma vida abundante nele..

Kirsten H. Holmberg

Abril

DOM 03
manhã
tarde
noite

SEG 04
manhã
tarde
noite

TER 05
manhã
tarde
noite

QUA **06**	QUI **07**	SEX **08**	SÁB **09**
manhã	manhã	manhã	manhã
tarde	tarde	tarde	tarde
noite	noite	noite	noite

Semana abençoada

Metas da semana

-
-
-
-
-
-
-
-
-
-
-
-

Comprar

-
-
-
-
-
-
-
-
-
-
-
-

Fazer

-
-
-
-
-
-
-
-

Ideias

-
-
-
-
-
-
-
-

Prepare-se para uma semana de foco
LEITURA: João 3:22-35

Tudo o que posso ver

Ele deve se tornar cada vez maior, e eu, cada vez menor.
João 3:30

Era um dia de inverno congelante, e Krista estava olhando para o lindo farol envolto pela neve junto ao lago. Ao pegar o celular para tirar fotos, seus óculos ficaram embaçados. Sem conseguir enxergar, ela decidiu apontar a câmera para a direção do farol e tirar três fotos de ângulos diferentes. Vendo as imagens depois, percebeu que a câmera estava regulada para tirar selfies. Ela deu risada e falou: "Meu foco estava só em mim. Tudo o que eu vi foi eu mesma". Essas fotos me levaram a pensar num erro parecido: podemos nos focar tanto em nós mesmos a ponto de perder de vista o plano de Deus.

João Batista, o primo de Jesus, sabia claramente que o seu foco não era ele mesmo. Desde o início, ele reconheceu que a sua função ou o seu chamado era conduzir as pessoas a Jesus, o Filho de Deus. "João viu Jesus caminhando em sua direção e disse: Vejam! É o Cordeiro de Deus…" (1:29). E continuou: "…vim batizando com água para que ele fosse revelado a Israel" (v.31). Quando os discípulos de João posteriormente lhe contaram que Jesus estava ganhando seguidores, ele declarou: "Vocês sabem que eu lhes disse claramente: Eu não sou o Cristo. Estou aqui apenas para preparar o caminho para ele. […] Ele deve se tornar cada vez maior, e eu, cada vez menor" (3:28-30).

Que amar Jesus de todo o nosso coração seja o foco central da nossa vida.

Anne M. Cetas

Abril

	DOM **10**	SEG **11**	TER **12**
	manhã	manhã	manhã
	tarde	tarde	tarde
	noite	noite	noite

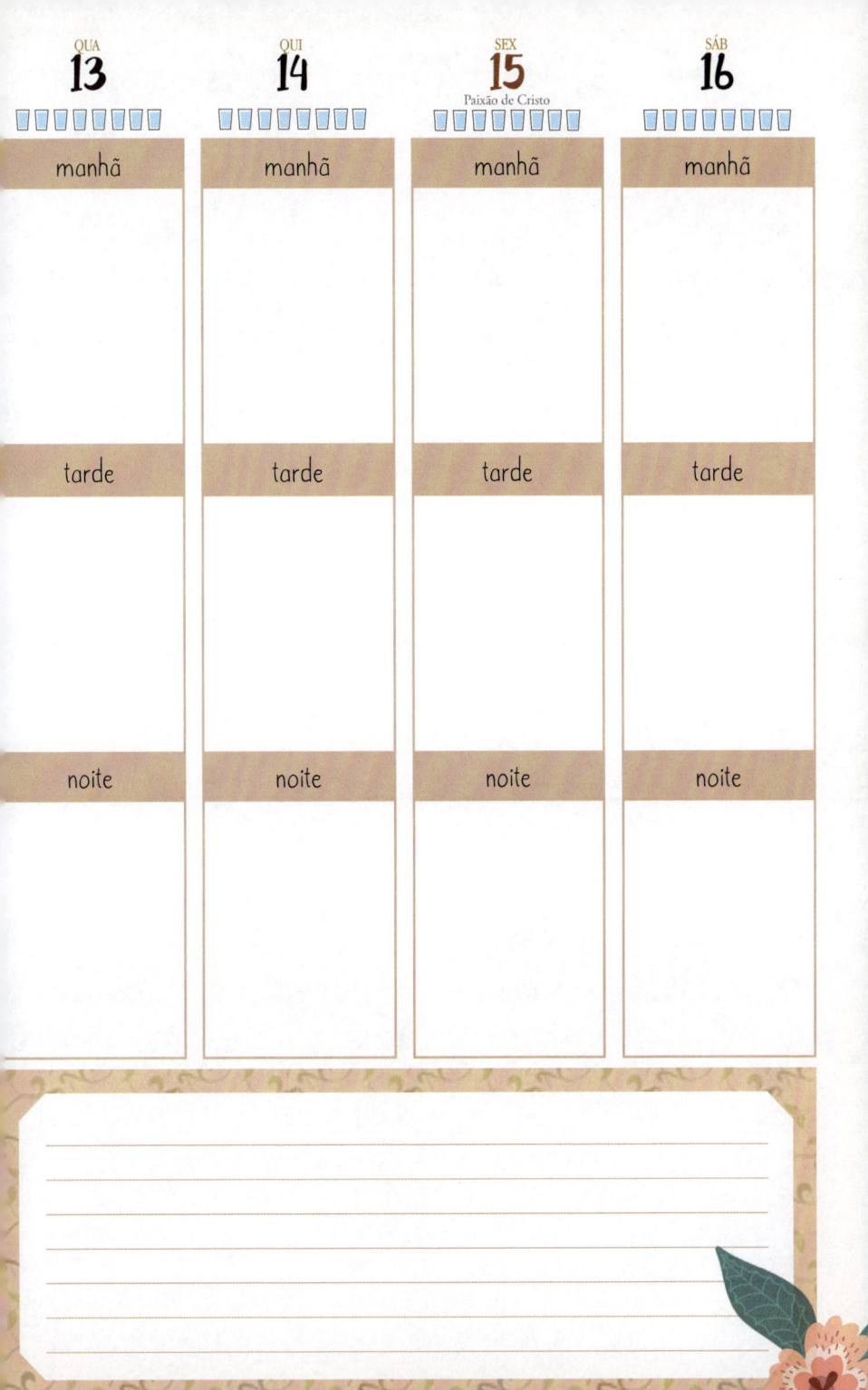

QUA **13**	QUI **14**	SEX **15** Paixão de Cristo	SÁB **16**
manhã	manhã	manhã	manhã
tarde	tarde	tarde	tarde
noite	noite	noite	noite

Semana abençoada

Metas da semana

Comprar

Fazer

Ideias

Prepare-se para uma semana de mudanças

Leitura: Atos 9:1-22

O amor nos transforma

> Logo, começou a falar de Jesus nas sinagogas, dizendo: "Ele é o Filho de Deus".
>
> **Atos 9:20**

Antes de conhecer Jesus, eu estava tão ferida a ponto de evitar relacionamentos próximos por medo de magoar-me ainda mais. Minha mãe foi minha melhor amiga até eu me casar com Alan. Sete anos depois e na iminência do divórcio, levei nosso filho pequeno, Xavier, a um culto. Sentada próxima à saída, temia confiar, mas estava desesperada por receber ajuda.

Alguns cristãos oraram por nossa família e me ensinaram a ter um relacionamento com Deus por meio da oração e leitura da Bíblia. Com o tempo, o amor de Cristo e de Seus seguidores me transformou. Em dois anos, a família toda foi batizada. Tempos depois, minha mãe comentou: "Você está diferente. Fale-me mais de Jesus". Alguns meses se passaram, e ela também aceitou a Cristo.

Jesus transforma vidas... como a de Saulo, um dos mais temidos perseguidores da Igreja até o seu encontro com Cristo (vv.1-5). Outros ajudaram Saulo a aprender mais sobre Jesus (vv.17-19). A drástica transformação dele se somou à credibilidade de seu ensinamento capacitado pelo Espírito (vv.20-22).

Nosso primeiro encontro pessoal com Jesus pode não ser tão dramático. A transformação da nossa vida pode não ser tão rápida ou drástica. Mas, à medida que as pessoas notarem como o amor de Cristo nos transforma, teremos oportunidades de dizer aos outros o que Ele fez por nós.

Xochitl E. Dixon

Abril

DOM **17** — Páscoa
SEG **18**
TER **19**

17 (DOM) — Páscoa
- manhã
- tarde
- noite

18 (SEG)
- manhã
- tarde
- noite

19 (TER)
- manhã
- tarde
- noite

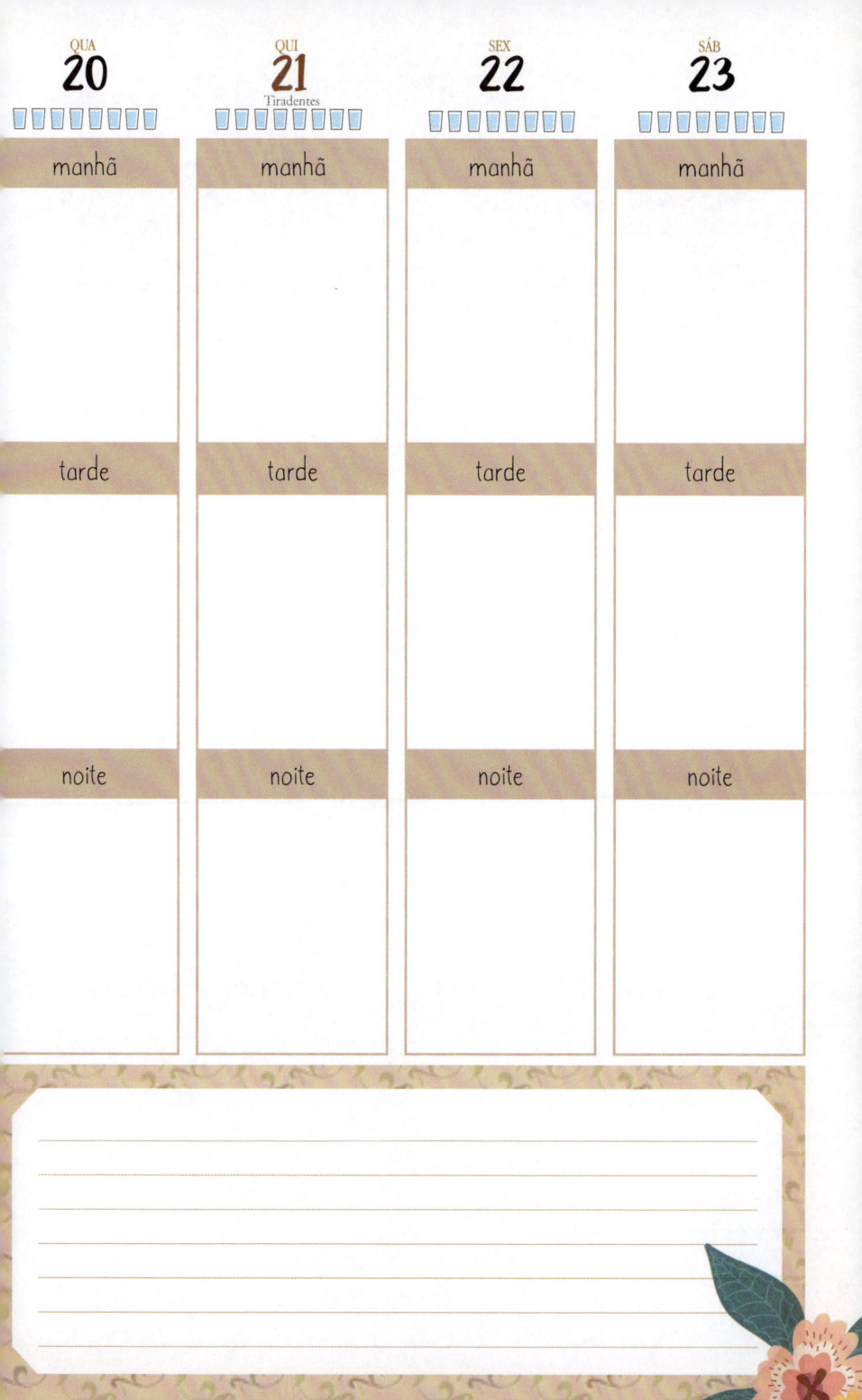

QUA **20**	QUI **21** Tiradentes	SEX **22**	SÁB **23**
manhã	manhã	manhã	manhã
tarde	tarde	tarde	tarde
noite	noite	noite	noite

Semana abençoada

Metas da semana

Comprar

Fazer

Ideias

Prepare-se para uma semana de refúgio

LEITURA: Salmo 16

Amor e paz

...não deixarás minha alma entre os mortos [...] me mostrarás o caminho da vida e [...] a alegria da tua presença....

SALMO 16:10,11

Sempre me surpreende a forma como a paz — poderosa e inexplicável (FILIPENSES 4:7) — pode encher o nosso coração mesmo em meio à dor mais profunda. Passei por isso recentemente no funeral do meu pai. Uma fila de conhecidos passava oferecendo condolências quando me senti aliviada em ver um amigo da adolescência. Sem nada dizer, ele me envolveu com um longo abraço apertado. Seu entendimento silencioso fluiu em mim com a primeira sensação de paz em meio à dor, um lembrete poderoso de que eu não estava sozinha.

Como Davi descreve no Salmo 16, o tipo de paz e alegria que Deus traz à nossa vida não é provocado pela escolha de reprimir a dor em tempos difíceis; é mais como uma dádiva que só podemos usufruir quando nos refugiamos em Deus (vv.1,2).

Podemos reagir à dor causada pela morte distraindo-nos, imaginando que buscar outros "deuses" manterá a dor a distância. Porém, veremos que os esforços para fugir da aflição apenas geram uma dor ainda mais profunda (v.4).

Ou podemos nos voltar para Deus, confiando, mesmo sem entender, que a vida que Ele nos concedeu ainda é boa e linda (vv.6-8). E podemos nos render aos Seus braços de amor que carinhosamente nos carregam, em meio à dor, para a paz e a alegria que nem a morte pode extinguir (v.11).

Monica La Rose

Abril

DOM 24
manhã
tarde
noite

SEG 25
manhã
tarde
noite

TER 26
manhã
tarde
noite

QUA **27**	QUI **28**	SEX **29**	SÁB **30**
manhã	manhã	manhã	manhã
tarde	tarde	tarde	tarde
noite	noite	noite	noite

Planejamento maio

DOM	SEG	TER
Dia do Trabalho **01**	02	03
08	09	10
15	16	17
22	23	24
29 Dia do Trabalho	30	31

Planejamento maio

QUA	QUI	SEX	SÁB
04	05	06	07
11	12	13	14
18	19	20	21
25	26	27	28

Objetivos para maio

O melhor momento
para louvar a Deus
é sempre o
momento presente.

Amor inesgotável

Com 19 anos e sem celular mudei-me e fui estudar distante da minha mãe. Certa manhã, saí cedo esquecendo-me de nossa chamada telefônica programada. Naquela noite, dois policiais vieram até a minha porta. Mamãe estava preocupada porque eu nunca havia perdido uma das nossas conversas. Depois de ligar repetidamente e receber o sinal de ocupado, ela procurou ajuda e insistiu que me checassem. Um dos policiais me disse: "É uma bênção saber que o amor não vai parar de alcançá-la".

Quando peguei o telefone para ligar para minha mãe, percebi que tinha deixado acidentalmente o receptor fora de sua base. Depois que me desculpei, ela disse que precisava divulgar as boas-novas para a família e amigos, pois ela os havia informado de que eu estava *desaparecida*. Desliguei pensando que ela tinha exagerado um pouco, embora fosse bom ser amada assim.

As Escrituras revelam uma bela imagem de Deus, que é Amor, e é compassivo com Seus filhos errantes. Como um bom pastor, o Senhor se preocupa e procura todas as ovelhas perdidas, afirmando o valor inestimável de todo filho amado de Deus (Lucas 15:1-7).

O Amor nunca para de nos procurar e nos busca até que voltemos para o Senhor. Podemos orar por outras pessoas que precisam saber que o Amor — Deus — nunca deixa de buscá-las também.

Xochitl E. Dixon

Aplicação pessoal

Orar por

Deus quer usar você para revelar o Seu amor aos outros.

Semana abençoada

Metas da semana

Comprar

Fazer

Ideias

Prepare-se para uma semana de identidade

LEITURA: 1 João 2:28–3:3

Descobrindo meu verdadeiro eu

Sabemos, porém, que seremos semelhantes a ele [a Jesus], pois o veremos como ele realmente é.

1 João 3:2

Quem sou eu? Essa é a pergunta que um animal de pelúcia desbotado faz a si mesmo no livro infantil *Nothing* (Nada), de Mick Inkpen. Abandonado num canto empoeirado do sótão, o animal ouve quando o chamam de "nada" e acha que esse é o seu nome: Nada.

Encontros com outros animais despertam lembranças. Nada percebe que ele costumava ter cauda, bigodes e listras. Porém, ele só se lembra de quem realmente é quando conhece um gato malhado que o ajuda a encontrar o caminho de casa. Aí então, Nada se lembra de sua identidade: ele é um gato de pelúcia chamado Toby. Depois disso, o dono dele carinhosamente o restaura, costurando nele novas orelhas, cauda, bigodes e listras.

Sempre que leio esse livro, penso em minha própria identidade. Quem sou eu? Escrevendo para os cristãos, João afirmou que Deus nos chamou de filhos (3:1). Não entendemos totalmente essa identidade, mas, quando virmos Jesus, seremos semelhantes a Ele (v.2). Assim como o gato Toby, um dia seremos restaurados à identidade planejada para nós, a qual foi prejudicada pelo pecado. Hoje, podemos compreender essa identidade apenas parcialmente e podemos reconhecer a imagem de Deus uns nos outros. Porém, no dia em que virmos Jesus, seremos completamente restaurados à identidade que Deus planejou para nós. Seremos novas criaturas.

Amy L. Peterson

Maio

DOM 01
Dia do Trabalho

manhã

tarde

noite

SEG 02

manhã

tarde

noite

TER 03

manhã

tarde

noite

QUA
04

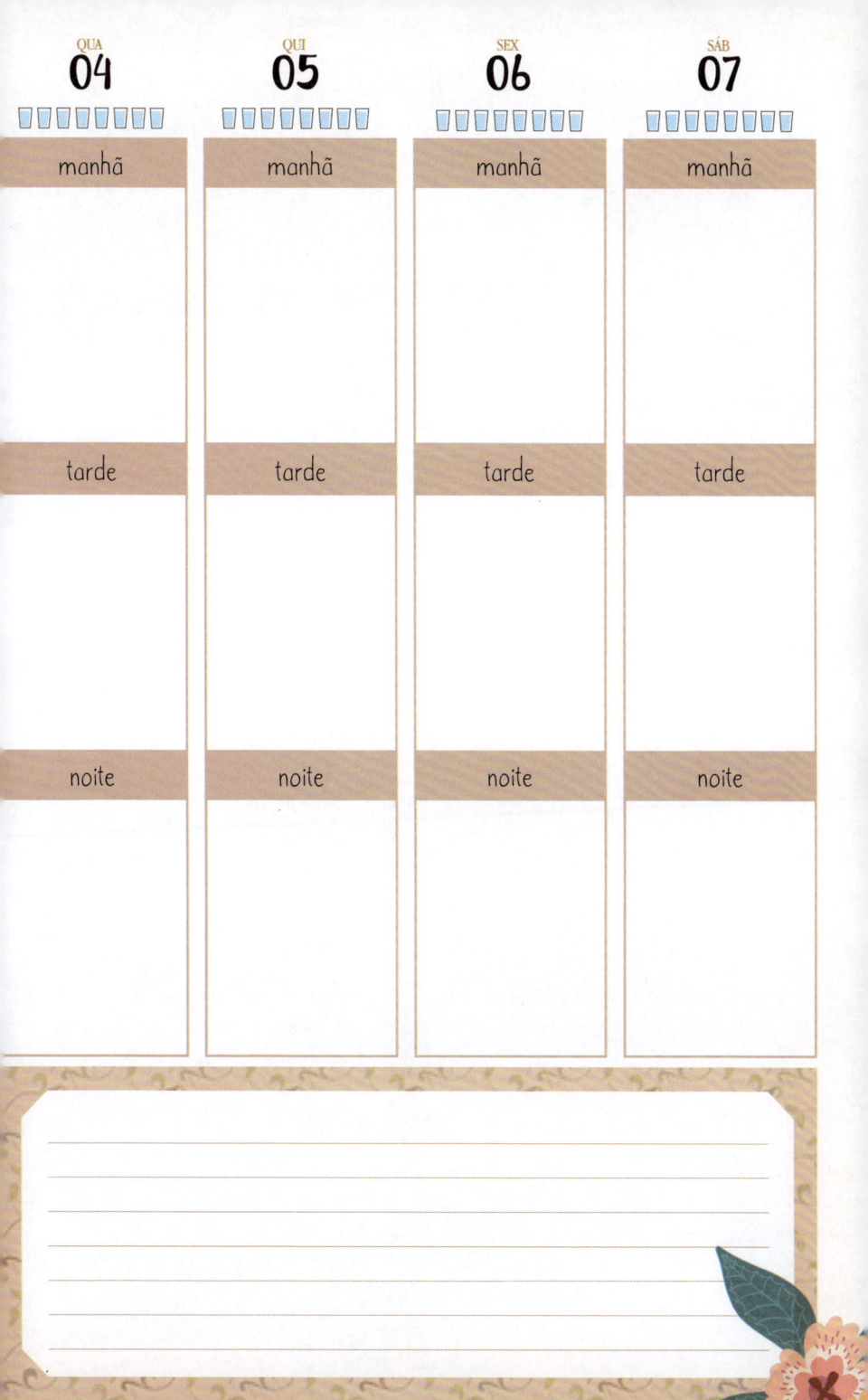

manhã

tarde

noite

QUI
05

manhã

tarde

noite

SEX
06

manhã

tarde

noite

SÁB
07

manhã

tarde

noite

Semana abençoada

Metas da semana

Comprar

Fazer

Ideias

Prepare-se para uma semana de humildade
Leitura: Jeremias 9:23-26

Dando crédito

...como dizem as Escrituras: "Quem quiser orgulhar-se, orgulhe-se somente no Senhor".
1 Coríntios 1:31

Na década de 60, pinturas de pessoas ou animais com olhos enormes e tristes se tornaram populares. Alguns as consideravam "bregas" ou cafonas, mas outros gostavam muito. Quando o marido de uma artista começou a promover as criações da sua esposa, o casal se tornou bastante próspero. Mas a assinatura da artista — Margaret Keane — não aparecia nas obras. Em vez disso, o marido dela apresentava os trabalhos como se fossem seus. Receosa, Margaret omitiu a fraude por 20 anos até o fim do casamento. Foi preciso levar tintas ao tribunal para provar a identidade da verdadeira artista.

A mentira do homem foi algo errado, mas até nós, seguidores de Jesus, podemos achar fácil tomar o crédito pelos nossos talentos, pelas nossas características de liderança ou até por nossas boas obras. Mas essas qualidades só são possíveis pela graça de Deus. Em Jeremias 9, o profeta lamenta a falta de humildade e o coração obstinado do povo. Segundo o Senhor, não devemos nos orgulhar da nossa sabedoria, força ou riquezas, mas apenas de saber que Ele é o Senhor "que demonstra amor leal e traz justiça e retidão à terra" (v.24).

Nosso coração se enche de gratidão quando percebemos a identidade do verdadeiro Artista. "Toda dádiva que é perfeita […] vem do alto, do Pai…" (Tiago 1:17). Todo crédito, todo louvor pertencem ao Doador das dádivas.

Cindy Hess Kasper

Maio

DOM **08**	SEG **09**	TER **10**
manhã	manhã	manhã
tarde	tarde	tarde
noite	noite	noite

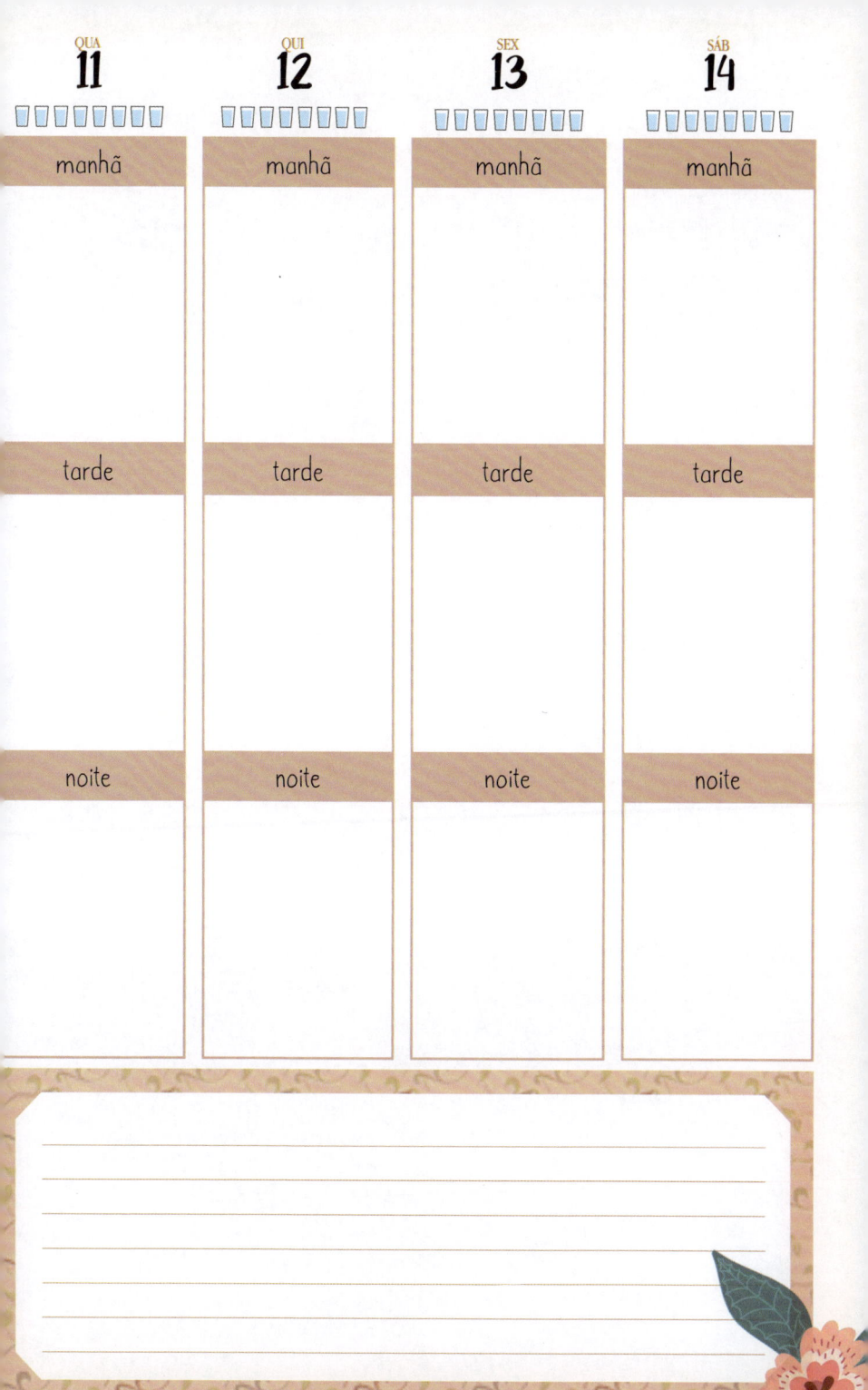

QUA **11**	QUI **12**	SEX **13**	SÁB **14**
manhã	manhã	manhã	manhã
tarde	tarde	tarde	tarde
noite	noite	noite	noite

Semana abençoada

Metas da semana

Comprar

Fazer

Ideias

Prepare-se para uma semana de nitidez

Leitura: Gênesis 16:7-14

Vista por Deus

...Chamou-o de "Tu és o Deus que me vê", pois tinha dito: "Aqui eu vi aquele que me vê!".

Gênesis 16:13

Meus primeiros óculos abriram meus olhos para um mundo nítido. Sou míope e vejo os objetos próximos nítidos e definidos. Sem eles, porém, os itens distantes ficam embaçados. Aos 12 anos, com os meus primeiros óculos, fiquei surpresa ao ver as palavras mais nítidas na lousa, as folhas pequenas das árvores e, talvez o mais importante, os lindos sorrisos das pessoas.

Quando os amigos retribuíam o meu sorriso, eu aprendia que ser vista era uma dádiva tão preciosa quanto a bênção de enxergar.

A escrava Hagar percebeu isso ao escapar das grosserias de Sarai. Hagar era um "zero à esquerda" em sua cultura: grávida e sozinha, que fugiu para o deserto sem ajuda ou esperança. Por Deus tê-la visto, foi capacitada a enxergá-lo. Então, Deus não lhe era apenas um conceito vago; Ele se tornou real para Hagar, tão real que ela lhe deu um nome: El Roi, que significa "Tu és o Deus que me vê". Ela disse: "Aqui eu vi aquele que me vê!" (v.13).

Nosso Deus também vê cada um de nós. Você está se sentindo invisível, sozinho ou como um "zero à esquerda"? Deus o vê e vê também o seu futuro. Que possamos ver nele a nossa esperança, salvação e alegria — tanto nos dias de hoje quanto no futuro. Louve-o por esta dádiva maravilhosa da visão, por enxergar o único Deus verdadeiramente vivo.

Patricia Raybon

Maio

DOM 15
manhã
tarde
noite

SEG 16
manhã
tarde
noite

TER 17
manhã
tarde
noite

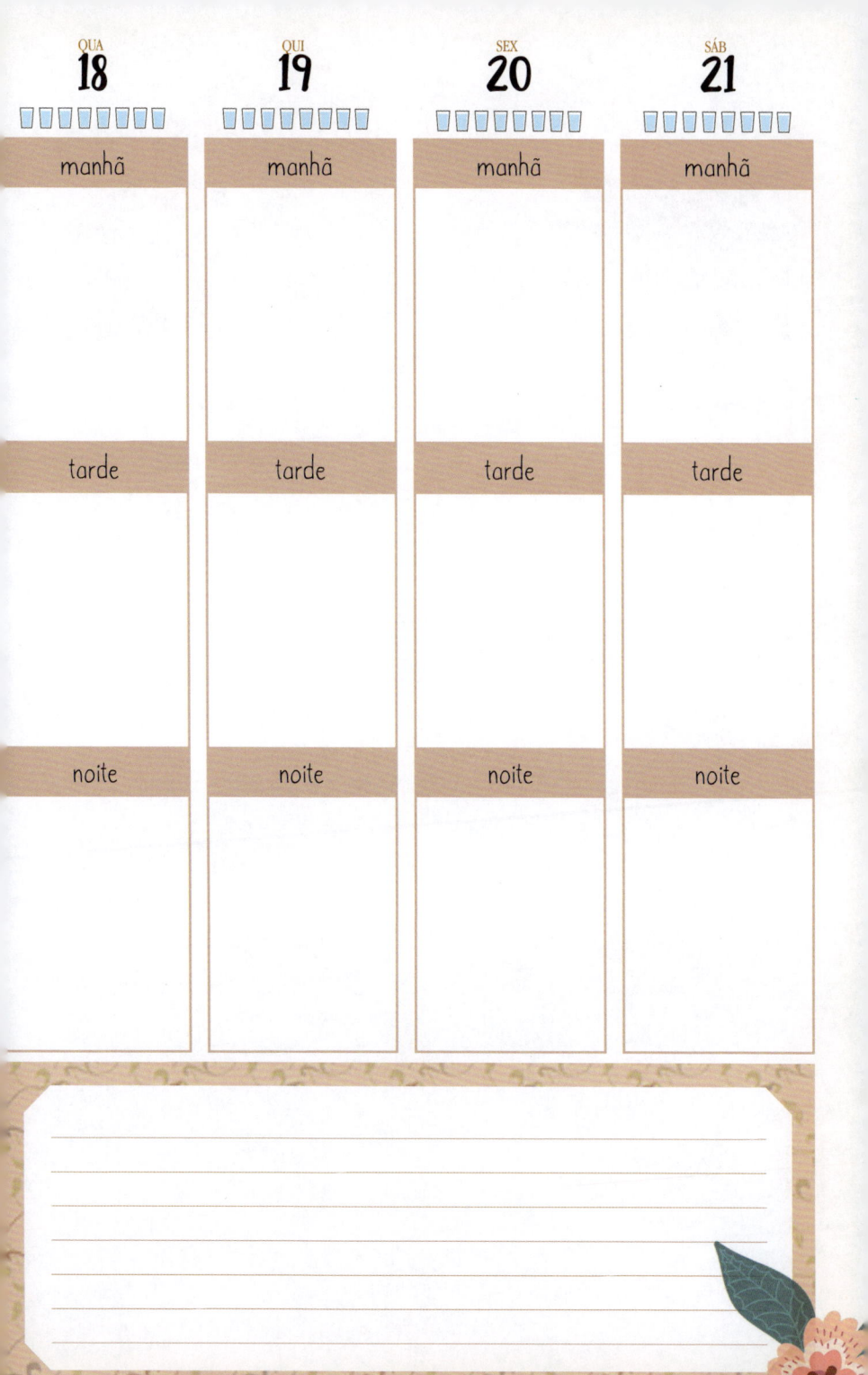

QUA **18**	QUI **19**	SEX **20**	SÁB **21**
manhã	manhã	manhã	manhã
tarde	tarde	tarde	tarde
noite	noite	noite	noite

Semana abençoada

Metas da semana

Comprar

Fazer

Ideias

Prepare-se para uma semana de reconhecimentos
LEITURA: João 20:13-16

Fora de contexto

Então, ao virar-se para sair, viu alguém em pé.
Era Jesus, mas ela não o reconheceu.
JOÃO 20:14

Na fila para o voo, alguém me cutucou. Virei-me e recebi um cumprimento caloroso. "Elisa! Você se lembra de mim? Sou a Joana!". Minha mente foi à procura das "Joanas" que eu conhecia, mas não a localizou. Será que era uma vizinha? Uma colega de trabalho? Eu não sabia…

Sentindo minha dificuldade, Joana respondeu: "Elisa, nós nos conhecemos no Ensino Médio". Surgiu uma lembrança: jogos de futebol nas noites de sexta-feira, torcida nas arquibancadas. Eu a reconheci assim que o contexto ficou claro.

Após a morte de Jesus, Maria Madalena foi ao sepulcro cedo de manhã e viu que a pedra tinha sido removida, e o corpo, desaparecido (vv.1,2). Ela correu até Pedro e João, que a acompanharam de volta ao sepulcro vazio (vv.3,10). Mas, do lado de fora, Maria continuou sofrendo (v.11). Quando Jesus apareceu, "ela não o reconheceu" (v.14), achando que Ele fosse o jardineiro (v.15). Como Maria não reconheceu Jesus? Seu corpo ressurreto estava tão diferente a ponto de ser difícil de reconhecê-lo? Será que a dor a impediu de reconhecer Jesus? Ou será que isso se deu porque, como eu, Jesus estava "fora do contexto", vivo no jardim em vez de estar morto no sepulcro?

De que forma nós também deixamos de reconhecer Jesus em nossos dias, — talvez durante a oração ou a leitura da Bíblia, ou simplesmente quando Ele sussurra em nosso coração?

Elisa Morgan

Maio

	DOM **22**	**SEG** **23**	**TER** **24**
	manhã	manhã	manhã
	tarde	tarde	tarde
	noite	noite	noite

QUA 25	QUI 26	SEX 27	SÁB 28
manhã	manhã	manhã	manhã
tarde	tarde	tarde	tarde
noite	noite	noite	noite

Semana abençoada

Metas da semana

Comprar

Fazer

Ideias

Prepare-se para uma semana de bondade
LEITURA: Atos 9:32-42

Atos de bondade

> ...discípula chamada Tabita [...] Sempre fazia o bem às pessoas e ajudava os pobres.
> ATOS 9:36

"Estera, você ganhou um presente da nossa amiga Helena!", minha mãe me disse ao chegar do seu trabalho. Na minha infância, não tínhamos boa condição financeira, e receber um presente pelo correio era como um segundo Natal. Eu me senti amada, lembrada e valorizada por Deus por meio dessa mulher maravilhosa.

As pobres viúvas para as quais Tabita (Dorcas) fizera roupas estavam se sentindo do mesmo jeito. Ela era discípula de Jesus, morava em Jope e era conhecida na comunidade pelas obras de bondade. "Sempre fazia o bem às pessoas e ajudava os pobres" (v.36). Porém, Tabita adoeceu e faleceu. Naquele momento, Pedro estava visitando uma cidade próxima, e dois cristãos o procuraram, implorando que fosse a Jope.

Quando Pedro chegou, as viúvas que tinham sido ajudadas por Tabita mostraram a ele as provas da bondade dela: "os vestidos e outras roupas que Dorcas havia feito" (v.39). Não sabemos se elas pediram que Pedro interferisse, mas, guiado pelo Espírito Santo, o apóstolo orou, e Deus a ressuscitou! Como consequência da bondade de Deus "a notícia se espalhou por toda a cidade, e muitos creram no Senhor" (v.42).

Ao sermos bondosos com aqueles que nos cercam, que eles possam voltar o pensamento a Deus e sentirem-se valorizados por Ele.

Estera Pirosca Escobar

maio

DOM 29	SEG 30	TER 31
manhã	manhã	manhã
tarde	tarde	tarde
noite	noite	noite

QUA **01**	QUI **02**	SEX **03**	SÁB **04**
manhã	manhã	manhã	manhã
tarde	tarde	tarde	tarde
noite	noite	noite	noite

Planejamento junho

DOM	SEG	TER
05	06	07
12	13	14
19	20	21
26	27	28

Planejamento junho

QUA	QUI	SEX	SÁB
01	02	03	04
08	09	10	11
15	Corpus Christi 16	17	18
22	23	24	25
29	30		

Objetivos para junho

Uma Bíblia bem lida
é sinal de
uma alma
bem alimentada.

Escrito em vermelho

A maior parte da minha primeira Bíblia foi escrita em negrito, mas algumas das suas palavras eram vermelhas. Não demorou muito para descobrir que as palavras em vermelho foram ditas por Jesus.

Há mais de 100 anos, um homem chamado Louis Klopsch publicou a primeira Bíblia "com letra vermelha". Ao pensar nas palavras de Jesus em Lucas 22: "Este é o cálice da nova aliança no meu sangue derramado em favor de vós" (v.20), ele usou intencionalmente a tinta vermelha para chamar especial atenção às Suas palavras.

As palavras da Bíblia não têm preço para nós porque falam da "carta de amor" que Deus enviou há 2.000 anos, na pessoa de Seu Filho (1 João 4:10).

O propósito de Jesus em vir à terra como Homem foi para morrer, ser sacrificado, dar a Sua vida pela nossa. O plano de Deus estava escrito em vermelho, "…pelo precioso sangue, como de cordeiro sem defeito e sem mácula, o sangue de Cristo" (1 Pedro 1:19).

Nós, que aceitamos o presente do amor de Deus somos chamados para sermos "cartas" àqueles, que não o conhecem. Nós somos a carta de Cristo, "…escrita não com tinta, mas pelo Espírito do Deus vivente…" (2 Coríntios 3:3).

Antes mesmo de haver um dia estipulado para celebrar o amor, o mundo recebeu uma carta de amor — que tudo mudou (João 3:16).

Cindy Hess Kasper

Aplicação pessoal

Orar por

Nada demonstra com maior clareza o amor de Deus do que a cruz de Cristo.

Semana abençoada

Metas da semana

-
-
-
-
-
-
-
-
-
-
-
-

Comprar

-
-
-
-
-
-
-
-
-
-
-
-

Fazer

-
-
-
-
-
-
-
-

Ideias

-
-
-
-
-
-
-
-

Prepare-se para uma semana de aprendizado
Leitura: Provérbios 15:30-33

Arquive e prossiga

Verso verso verso verso,...
Provérbios 15:31

Lembro-me de um sábio conselho que um amigo locutor de rádio me deu certa vez. No início da carreira e lutando para aprender a lidar com as críticas e os elogios, ele sentiu que Deus o encorajava a arquivar ambos. Qual é a essência do que ele guardou no coração? *Aprenda o possível com as críticas e aceite os elogios. Depois arquive ambos e humildemente prossiga na graça e no poder de Deus.*

Críticas e elogios despertam em nós emoções poderosas que, se deixadas sem controle, podem gerar autoaversão ou um ego inchado. Em Provérbios, lemos sobre os benefícios do encorajamento e do conselho sábio: "boas notícias dão vigor ao corpo. Quem dá ouvidos à crítica construtiva se sente à vontade entre os sábios. Quem rejeita a disciplina prejudica a si mesmo, mas quem dá ouvidos à repreensão adquire entendimento" (15:30-32).

Quando repreendidos, que possamos optar por sermos modelados pela repreensão. E, se formos abençoados com elogios, que nos sintamos renovados e cheios de gratidão. Ao andarmos humildemente com Deus, Ele pode nos ajudar a aprender com as críticas e com os elogios, a arquivá-los e a seguir adiante com o Senhor (v.33).

Ruth O'Reilly-Smith

Junho

DOM 29	SEG 30	TER 31
manhã	manhã	manhã
tarde	tarde	tarde
noite	noite	noite

QUA
01

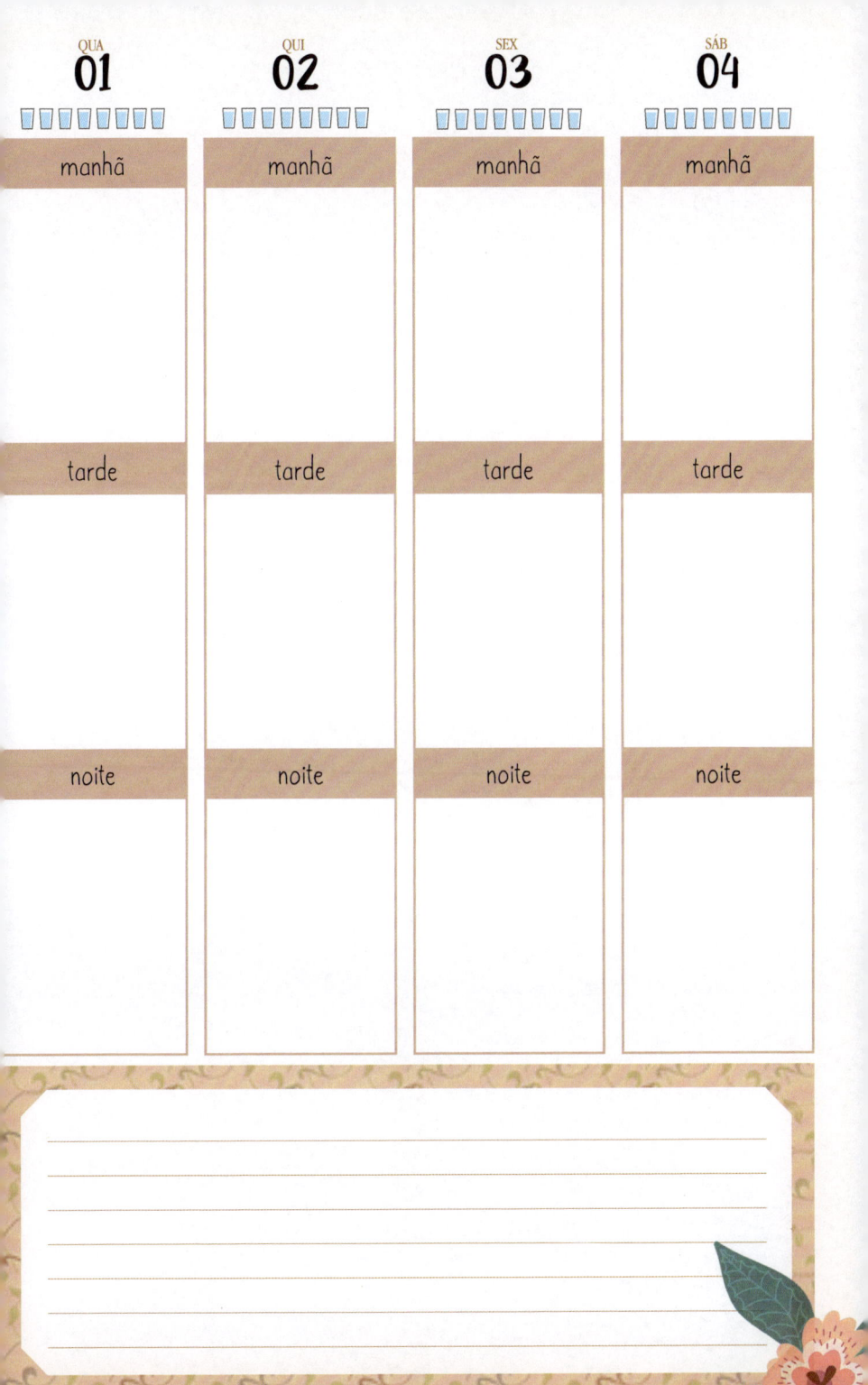

manhã

tarde

noite

QUI
02

manhã

tarde

noite

SEX
03

manhã

tarde

noite

SÁB
04

manhã

tarde

noite

Semana abençoada

Metas da semana

Comprar

Fazer

Ideias

Prepare-se para uma semana de altruísmo

Leitura: Romanos 12:1-8

Sacrifício vivo

...suplico-lhes que entreguem seu corpo a Deus [...] Que seja um sacrifício vivo e santo...

ROMANOS 12:1

Minha tia-avó tinha um excelente trabalho na área de publicidade e viajava bastante. No entanto, ela optou por desistir da carreira por amor aos pais. Eles viviam em outro estado e precisavam de cuidados. Os irmãos dela haviam morrido jovens em circunstâncias trágicas, e ela era a única filha viva. Para ela, servir aos pais era uma expressão da sua fé.

A carta do apóstolo Paulo para a igreja de Roma aconselhava os cristãos a serem um "sacrifício vivo e santo, do tipo que Deus considera agradável" (v.1). Ele esperava que levassem o amor sacrificial de Cristo uns aos outros. E pediu para que os romanos não se considerassem melhores do que deveriam (v.3). Quando se envolveram em desacordos e divisões, Paulo os conclamou a deixar o orgulho, dizendo: "somos membros diferentes do mesmo corpo, e todos pertencemos uns aos outros" (v.5). Ele ansiava que esses cristãos demonstrassem amor sacrificial uns aos outros.

A cada dia, temos a oportunidade de servir aos outros. Por exemplo, podemos deixar alguém passar à nossa frente numa fila ou, como minha tia-avó, cuidar de um enfermo. Ou talvez compartilhemos nossa experiência ao dar conselhos e orientações. Quando nós nos oferecemos como sacrifício vivo, honramos a Deus.

Amy Boucher Pye

Junho

DOM 05	SEG 06	TER 07
manhã	manhã	manhã
tarde	tarde	tarde
noite	noite	noite

QUA
08

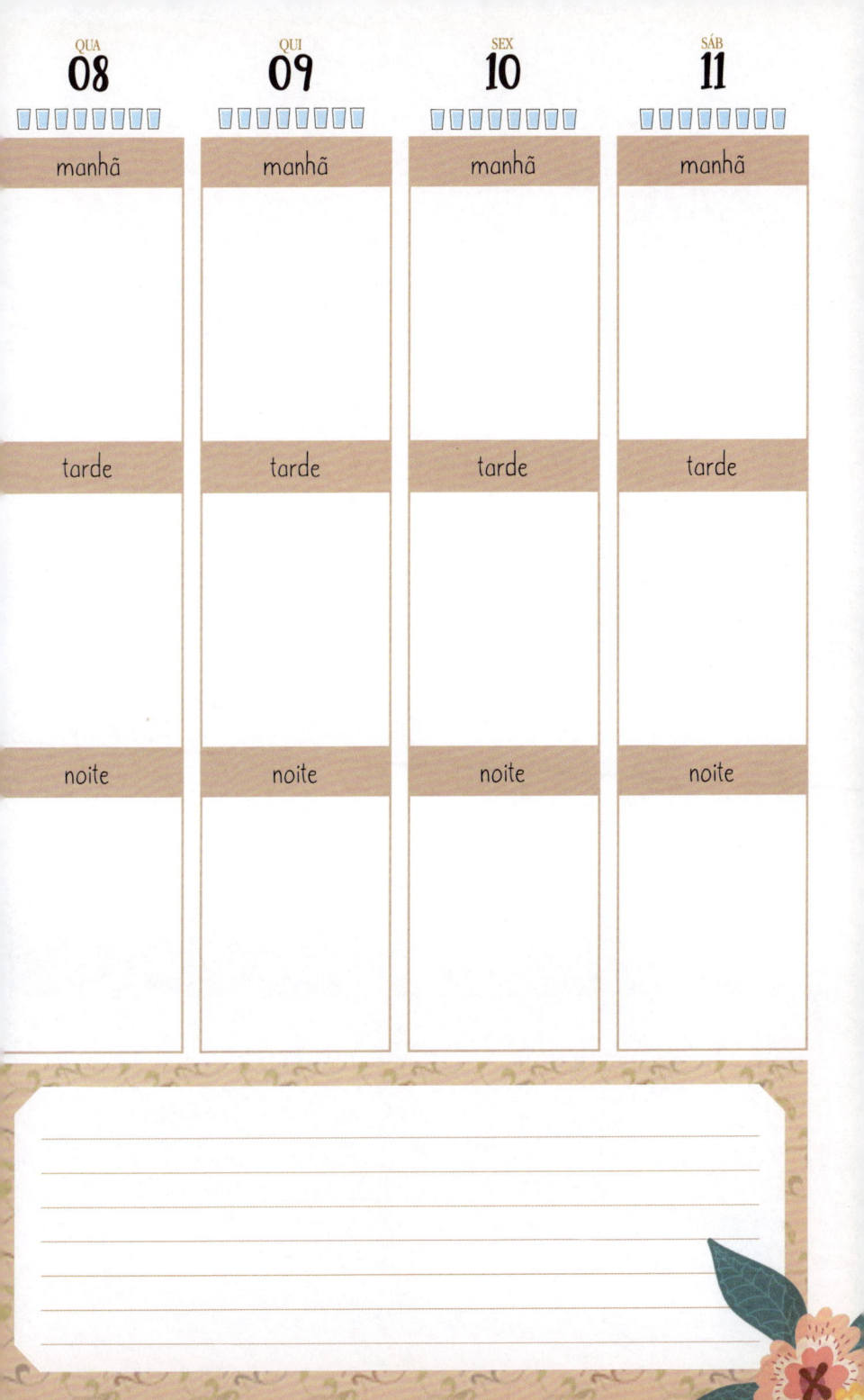

manhã

tarde

noite

QUI
09

manhã

tarde

noite

SEX
10

manhã

tarde

noite

SÁB
11

manhã

tarde

noite

Semana abençoada

Metas da semana

-
-
-
-
-
-
-
-
-
-
-
-
-
-

Comprar

-
-
-
-
-
-
-
-
-
-
-
-
-
-

Fazer

-
-
-
-
-
-
-
-

Ideias

-
-
-
-
-
-
-
-

Prepare-se para uma semana de quietude

LEITURA: Salmo 104:10-24

Reverência silenciosa

Ó Senhor, que variedade de coisas criaste! Fizeste todas elas com sabedoria; a terra está cheia das tuas criaturas.

SALMO 104:24

Minha vida muitas vezes é frenética. Saio correndo de um compromisso para o seguinte, retornando as chamadas e conferindo a lista de tarefas no caminho. Um domingo, completamente exausta, desmoronei na rede do jardim. Meu celular estava dentro de casa; meu marido e meus filhos, também. Eu tinha planejado me sentar lá por um momento, mas comecei a notar coisas que me convidavam a me demorar mais. Pude ouvir o ruído do vai-e-vem da rede, o zumbido de uma abelha numa flor próxima e as batidas das asas de um pássaro. O céu estava azul, e as nuvens se moviam com o vento.

Comovi-me e chorei em reação a tudo o que Deus criou. Quando consegui assimilar tanta coisa maravilhosa com a visão e a audição, fui tocada para louvar o poder criativo de Deus. O autor do Salmo 104 estava igualmente quebrantado pela obra das mãos do Criador, percebendo que Deus "enche a terra com o fruto do [seu] trabalho" (v.13).

Em meio a uma vida de preocupações, um momento de tranquilidade pode nos lembrar da força criativa de Deus! Ele nos cerca com provas do Seu poder e ternura; Ele criou tanto as altas montanhas quanto os galhos para os pássaros. "Fizeste todas elas com sabedoria…" (v.24).

Kirsten H. Holmberg

Junho

DOM **12**	SEG **13**	TER **14**
manhã	manhã	manhã
tarde	tarde	tarde
noite	noite	noite

QUA
15

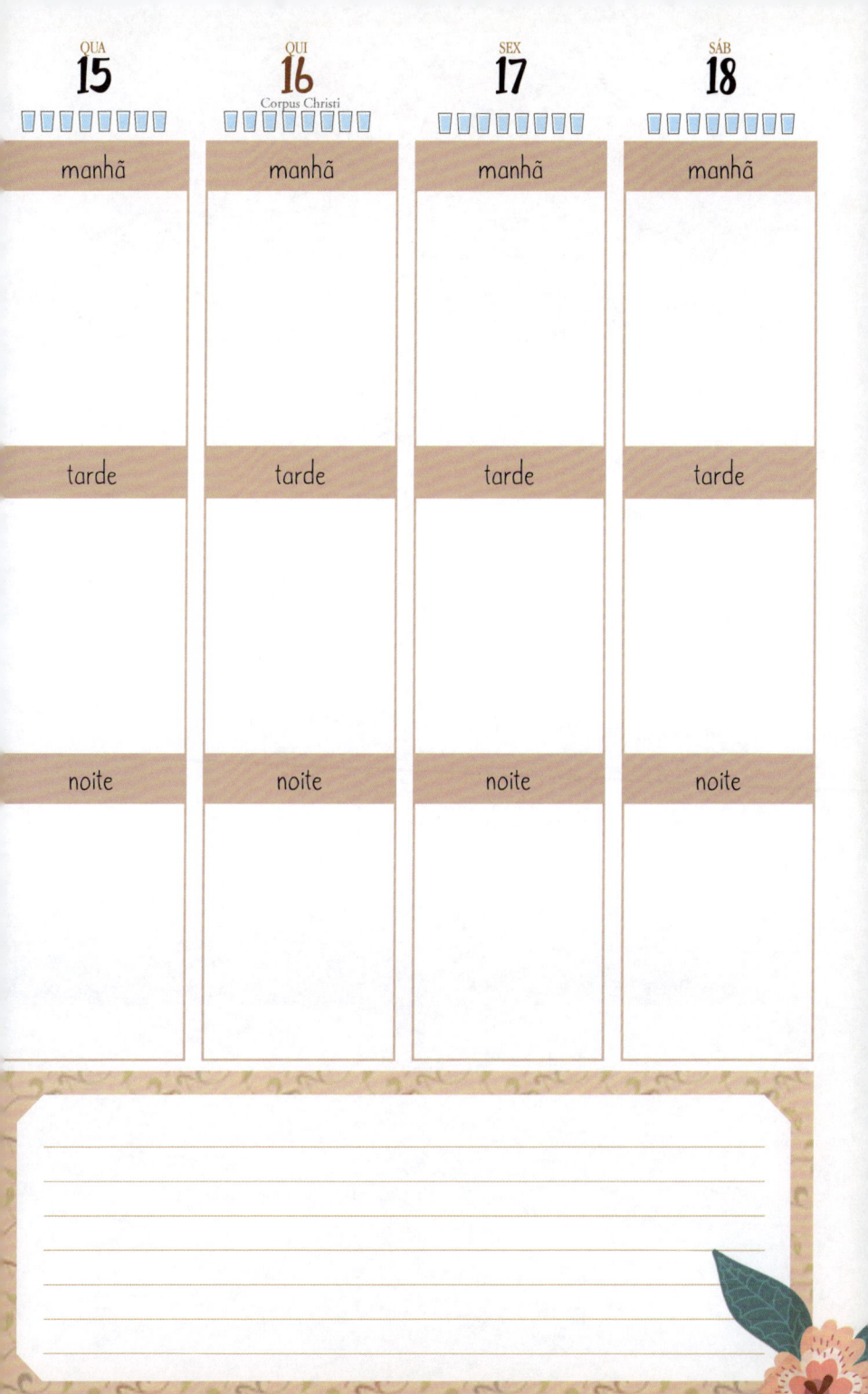

manhã

tarde

noite

QUI
16
Corpus Christi

manhã

tarde

noite

SEX
17

manhã

tarde

noite

SÁB
18

manhã

tarde

noite

Semana abençoada

Metas da semana

Comprar

Fazer

Ideias

Prepare-se para uma semana de confraternização

Leitura: Lucas 24:28-35

O espírito da Fika

Quando estavam à mesa, ele tomou o pão e o abençoou. Depois, partiu-o e lhes deu.
Lucas 24:30

A cafeteria da cidade perto da minha casa se chama *Fika*. É uma palavra sueca que significa fazer uma pausa com café e bolo, sempre na companhia da família, de colegas de trabalhos ou amigos. Eu não sou sueca, mas o espírito da *fika* descreve o que eu mais amo em Jesus: Sua prática de tomar o pão para comer e relaxar com os outros.

Os estudiosos dizem que as refeições de Jesus não eram aleatórias. O teólogo Mark Glanville as chama de "o segundo prato principal" das festividades e celebrações de Israel no Antigo Testamento. À mesa, Jesus vivia o que Deus havia planejado para Israel: "um centro de alegria, celebração e justiça para o mundo inteiro".

Desde alimentar 5.000 pessoas à Última Ceia e até à refeição com dois cristãos após ter ressuscitado (v.30) —, o ministério de "mesa" de Jesus nos convida a fazer uma pausa em nossos constantes esforços e permanecer nele. De fato, os dois cristãos só o reconheceram como o Senhor ressurreto depois de comer com Ele: "…ele tomou o pão e o abençoou. Depois, partiu-o e lhes deu. Então os olhos deles foram abertos…" (vv.30,31) para o Cristo vivo.

Sentada com uma amiga recentemente na *Fika*, tomando um chocolate quente com pãezinhos, nos vimos falando de Jesus. Ele é o Pão da Vida. Que nos demoremos à Sua mesa e encontremos mais dele.

Patricia Raybon

Junho

DOM 19
manhã

tarde

noite

SEG 20
manhã

tarde

noite

TER 21
manhã

tarde

noite

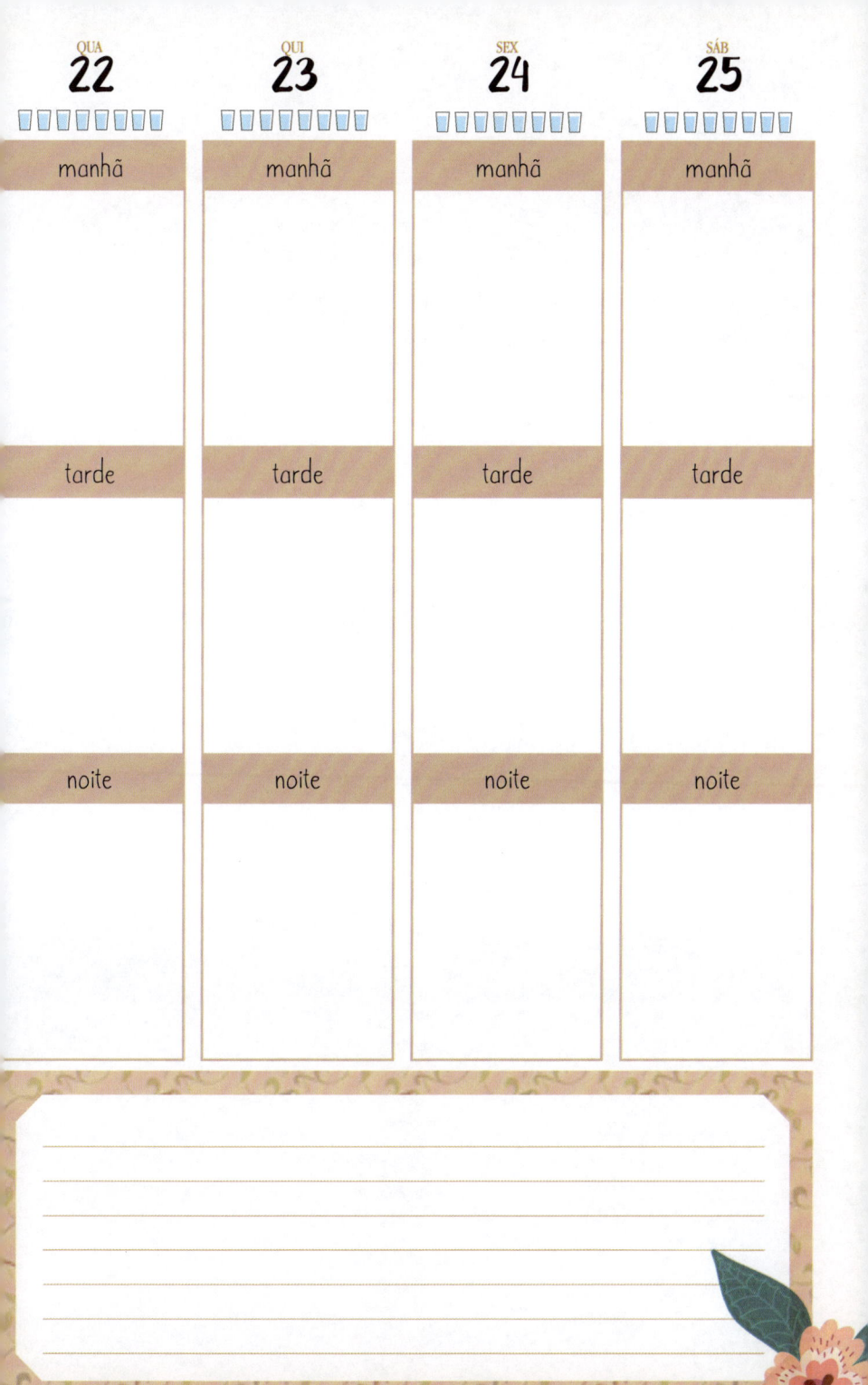

QUA **22**	QUI **23**	SEX **24**	SÁB **25**
manhã	manhã	manhã	manhã
tarde	tarde	tarde	tarde
noite	noite	noite	noite

Semana abençoada

Metas da semana

Comprar

Fazer

Ideias

Prepare-se para uma semana de louvor
LEITURA: Mateus 21:14-16

Dos lábios dos bebês

> Dos lábios das crianças e dos recém-nascidos
> firmaste o teu nome como fortaleza...
> SALMO 8:2 (NVI)

Depois de ver Vivian, de 10 anos, usar um galho como microfone para imitar um pregador, Michele decidiu lhe dar a chance de "pregar" em sua vila no Sudão. Vivian aceitou, e a missionária Michele escreveu: "A multidão ficou em êxtase. [...] Uma menininha que fora abandonada se levantara diante de todos com a autoridade de uma filha do Rei, compartilhando poderosamente a realidade do Reino de Deus. Muitas pessoas foram à frente para receber Jesus" (Michele Perry, *Love Has a Face*, O amor tem um rosto).

Naquele dia, as pessoas não esperavam a pregação de uma criança. O incidente me traz à mente a frase "dos lábios das crianças", extraída do Salmo 8. Davi escreveu: "Dos lábios das crianças e dos recém-nascidos firmaste o teu nome como fortaleza, por causa dos teus adversários" (v.2). Jesus mais tarde citou esse verso em Mateus 21:16, após os sacerdotes e escribas criticarem as crianças que louvavam a Jesus no Templo de Jerusalém. As crianças eram um incômodo para esses líderes. Citando essa passagem das Escrituras, Jesus mostrou que Deus levava a sério o louvor das crianças. Elas faziam o que os líderes não estavam dispostos a fazer: glorificar o tão esperado Messias.

Como Vivian e as crianças no Templo mostraram, Deus pode usar até uma criança para glorificá-lo. Do coração delas, corre uma fonte de louvor.

Linda Washington

Junho

DOM 26
manhã
tarde
noite

SEG 27
manhã
tarde
noite

TER 28
manhã
tarde
noite

QUA **29**	QUI **30**	SEX **01**	SÁB **02**
manhã	manhã	manhã	manhã
tarde	tarde	tarde	tarde
noite	noite	noite	noite

Planejamento julho

DOM	SEG	TER
03	04	05
10	11	12
17	18	19
24 - 31	25	26

Planejamento julho

QUA	QUI	SEX	SÁB
		01	02
06	07	08	09
13	14	15	16
20	21	22	23
27	28	29	30

Objetivos para julho

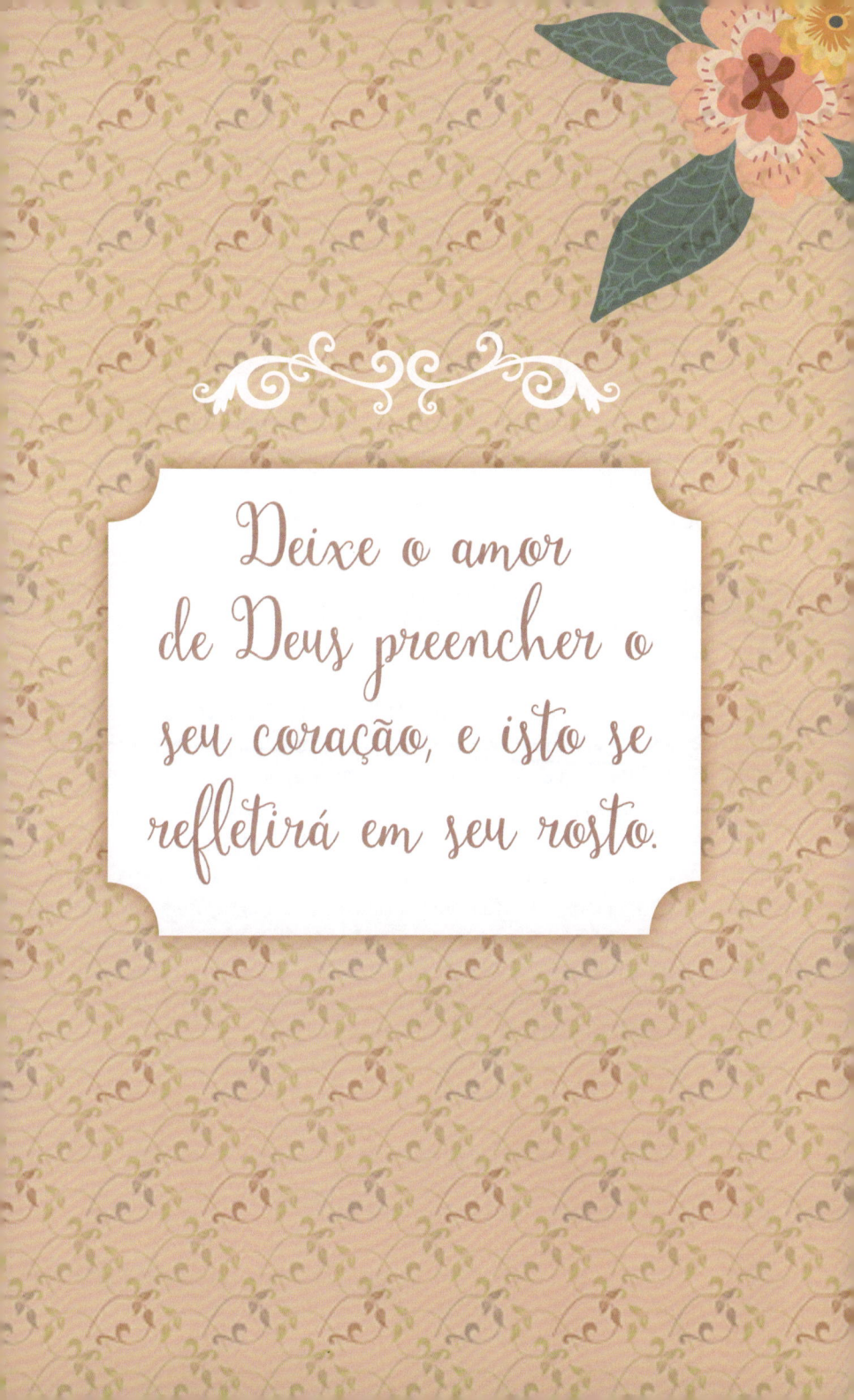

Deixe o amor de Deus preencher o seu coração, e isto se refletirá em seu rosto.

Vendo a nós mesmos

Antes da invenção dos espelhos, as pessoas não se viam a si mesmas. As poças de água, riachos e rios eram algumas das poucas maneiras que podiam ver seu próprio reflexo. Mas os espelhos mudaram isso. A invenção das câmeras levou o fascínio pela aparência a um nível totalmente novo. Agora temos imagens duradouras de nós mesmas, de qualquer momento de nossa vida. Isso é bom para fazer álbuns e preservar histórias de família, mas pode ser prejudicial ao nosso bem-estar espiritual. A diversão de nos vermos na câmera pode manter-nos focadas na aparência exterior e pouco interessadas em examinar o nosso interior.

O autoexame é crucial para a vida espiritual saudável. Deus quer que nos vejamos, para que possamos ser poupadas das consequências de escolhas pecaminosas. Isto é tão importante que as Escrituras dizem que não devemos participar da Ceia do Senhor sem antes nos examinarmos a nós mesmas (1 Coríntios 11:28). O objetivo desse autoexame não é apenas acertar-se com Deus, mas também certificar-se de estarmos acertados entre nós. A Ceia do Senhor é uma lembrança do Corpo de Cristo, e não podemos celebrá-la adequadamente se não estivermos vivendo em harmonia com outros cristãos.

Reconhecer e confessar o nosso pecado promove a unidade com os outros e o relacionamento saudável com Deus.

Julie Ackerman Link

Aplicação pessoal

Orar por

Nossa vida nunca estará mais protegida do que quando a entregamos para Deus.

Semana abençoada

Metas da semana

-
-
-
-
-
-
-
-
-
-
-
-
-

Comprar

-
-
-
-
-
-
-
-
-
-
-
-
-

Fazer

-
-
-
-
-
-
-
-

Ideias

-
-
-
-
-
-
-
-

Prepare-se para uma semana de sabedoria
Leitura: Provérbios 4:5-19

Procurando o tesouro

Pois a sabedoria dá mais lucro que a prata e rende mais que o ouro.
Provérbios 3:14

Tesouro enterrado; parece algo extraído de um livro infantil. Mas o excêntrico milionário Forrest Fenn afirma ter um baú de joias e ouro avaliado em mais de dois milhões de dólares em algum lugar nas montanhas. Muitas pessoas já saíram à procura desse baú. Na realidade, quatro pessoas já perderam a vida tentando encontrar essas riquezas escondidas.

O autor de Provérbios nos dá motivos para pensar: Será que há um tesouro que mereça tal busca? Em Provérbios 4, um pai escrevendo aos filhos sobre como viver bem, sugere que a sabedoria é algo que merece ser buscado a qualquer custo (v.7). A sabedoria, segundo ele, nos conduzirá pela vida, impedindo que tropecemos, e nos coroará com honra (vv.8-12). Escrevendo centenas de anos depois, Tiago, um dos discípulos de Jesus, também enfatizou a importância da sabedoria: "a sabedoria que vem do alto é, antes de tudo, pura. Também é pacífica, sempre amável e disposta a ceder a outros. É cheia de misericórdia e é o fruto de boas obras. Não mostra favoritismo e é sempre sincera" (Tiago 3:17). Quando a buscamos, achamos todos os tipos de coisas boas florescendo em nossa vida.

Por fim, buscar sabedoria é buscar a Deus, a fonte de toda a sabedoria e entendimento. E a sabedoria que vem do alto vale mais do que qualquer tesouro escondido que possamos imaginar.

Amy L. Peterson

Julho

DOM 26
manhã

tarde

noite

SEG 27
manhã

tarde

noite

TER 28
manhã

tarde

noite

QUA 29	QUI 30	SEX 01	SÁB 02
manhã	manhã	manhã	manhã
tarde	tarde	tarde	tarde
noite	noite	noite	noite

Semana abençoada

Metas da semana

Comprar

Fazer

Ideias

Prepare-se para uma semana de investimentos

LEITURA: Marcos 10:17-31

O retorno dos investimentos

"Deixamos tudo para segui-lo."
MARCOS 10:28

Em 1995, os investidores da bolsa norte-americana tiveram um recorde de lucros: em média, 37,6%. Depois, em 2008, quase perderam a mesma porcentagem: negativos 37%. Durante esse período de 13 anos, os lucros variaram, levando quem tinha dinheiro aplicado a imaginar o que aconteceria com o seu investimento.

Jesus garantiu aos Seus seguidores que teriam um retorno incrível ao investirem sua vida nele. Eles deixaram tudo para segui-lo — a casa, o emprego, o status e a família —, aplicando a própria vida como investimento (v.28). Mas, depois de ver um rico lidando com o poder que as riquezas exercem sobre ele, questionaram se esse investimento geraria frutos. Jesus respondeu que qualquer um disposto a sacrificar-se por Ele receberia "em troca, neste mundo, cem vezes mais [...] e, no mundo futuro [...] a vida eterna" (v.30). Esse é um resultado muito melhor do que qualquer mercado financeiro jamais proporcionaria.

Não temos de nos preocupar com a "taxa de juros" dos nossos investimentos espirituais — com Deus, o lucro é incomparável. Com dinheiro, queremos o lucro máximo. Com Deus, o que recebemos não se mede monetariamente, mas em alegria por conhecê-lo hoje e sempre e poder compartilhar isso com os outros!.

Kirsten H. Holmberg

Julho

DOM **03**	SEG **04**	TER **05**
manhã	manhã	manhã
tarde	tarde	tarde
noite	noite	noite

QUA
06

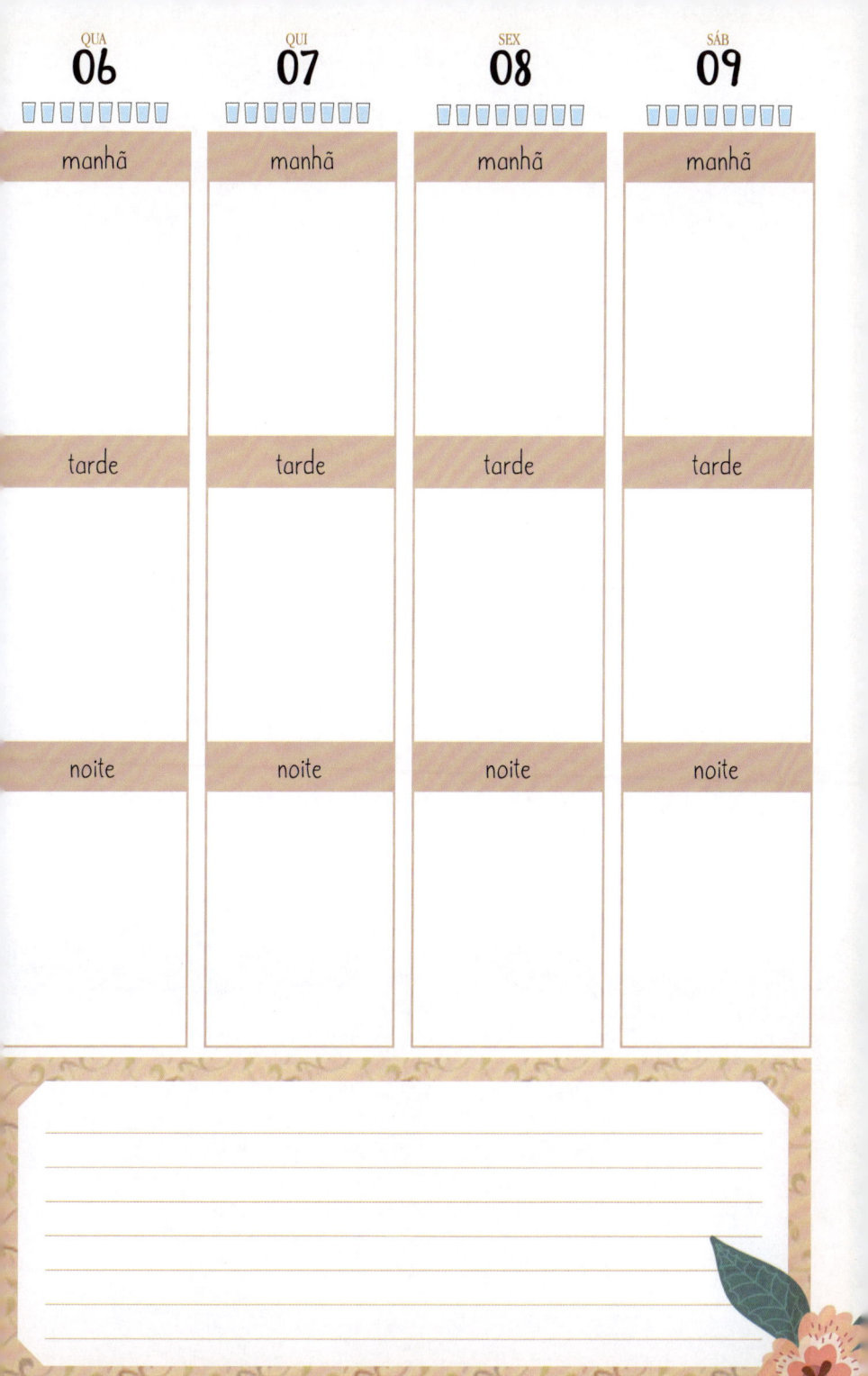

manhã

tarde

noite

QUI
07

manhã

tarde

noite

SEX
08

manhã

tarde

noite

SÁB
09

manhã

tarde

noite

Semana abençoada

Metas da semana

Comprar

Fazer

Ideias

Prepare-se para uma semana de desaceleração
Leitura: 1 Reis 19:9-13

Fugindo dos ruídos extras

E, depois do fogo, veio um suave sussurro.
1 Reis 19:12

Há alguns anos, a reitora de uma faculdade sugeriu que os alunos fizessem uma "desaceleração" certa noite. Mesmo concordando, eles relutaram em deixar o celular de lado ao entrar na capela. Durante uma hora, sentaram-se em silêncio num culto de louvor e oração. Posteriormente, um participante descreveu a experiência como "uma oportunidade maravilhosa de se acalmar [...] uma ocasião de se desligar de todo barulho extra".

Às vezes, é difícil fugir do "ruído extra". O clamor do mundo interior e exterior pode ser ensurdecedor. Mas, quando estamos dispostos a "desacelerar", entendemos o lembrete do salmista sobre a necessidade de nos aquietarmos para saber quem é Deus (Salmo 46:10). Em 1 Reis 19, descobrimos que, quando o profeta Elias buscou o Senhor, não o encontrou no caos do vento nem no terremoto nem no fogo (vv.9-13). Elias ouviu o suave sussurro de Deus (v.12).

Os ruídos extras fazem parte praticamente de todas as comemorações. Quando famílias e amigos se reúnem, é provável que haja conversas animadas, comida em excesso, riso barulhento e doces expressões de amor. Mas quando abrimos silenciosamente o coração, descobrimos que o tempo com Deus é ainda mais doce. Como Elias, somos mais propensos a encontrar Deus na quietude. E, às vezes, se estivermos atentos, também ouviremos esse sussurro suave..

Cindy Hess Kasper

Julho

DOM 10	SEG 11	TER 12
manhã	manhã	manhã
tarde	tarde	tarde
noite	noite	noite

QUA 13
- manhã
- tarde
- noite

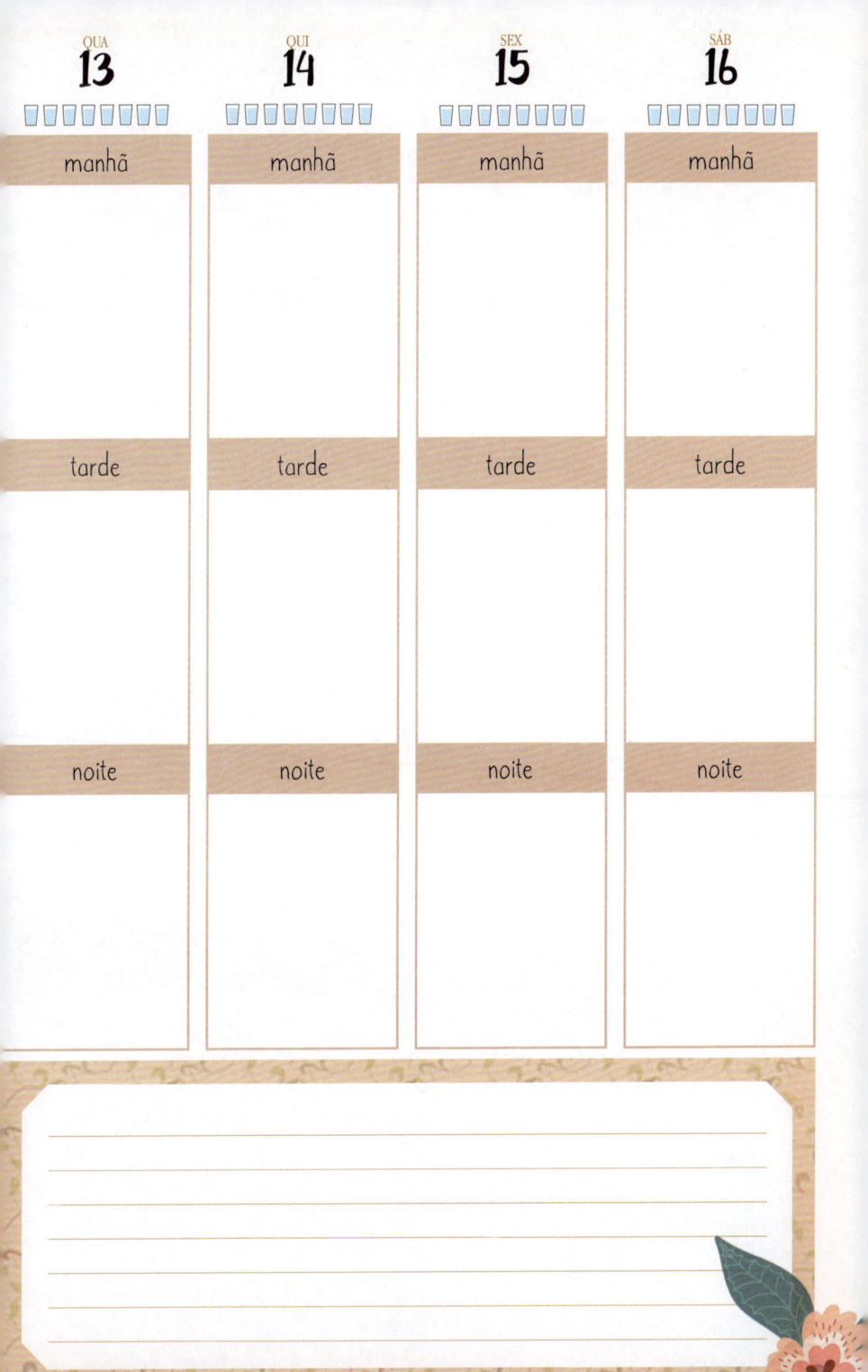

QUI 14
- manhã
- tarde
- noite

SEX 15
- manhã
- tarde
- noite

SÁB 16
- manhã
- tarde
- noite

Semana abençoada

Metas da semana

Comprar

Fazer

Ideias

Prepare-se para uma semana de hospitalidade

LEITURA: Deuteronômio 10:12-19

Acolhendo estrangeiros

...amem também os estrangeiros, pois, em outros tempos, vocês foram estrangeiros na terra do Egito.
DEUTERONÔMIO 10:19

Quando os meus amigos moraram na Moldávia, um dos países mais pobres da Europa, ficaram impressionados com a recepção calorosa que tiveram, especialmente por parte dos cristãos. Uma vez, levaram algumas provisões para um casal pobre da igreja que abrigava diversas crianças. O casal os tratou como hóspedes de honra, dando-lhes chá e algo para comer. Saíram dali maravilhados com a hospitalidade e levando os presentes de frutas e legumes.

Esses cristãos praticam a hospitalidade ordenada por Deus que instruiu o Seu povo a viver "de maneira agradável a ele e que ame e sirva o Senhor, seu Deus, de todo o coração e de toda a alma" (v.12). Como os israelitas conseguiram praticar essa ordenança? Lemos a resposta alguns versículos depois: "amem também os estrangeiros, pois, em outros tempos, vocês foram estrangeiros na terra do Egito" (v.19). Ao acolhê-los, serviam e honravam a Deus; e estendendo-lhes amor e cuidado, demonstravam a confiança no Senhor.

Nossas circunstâncias podem ser diferentes da dos moldávios ou dos israelitas, mas também podemos demonstrar o amor de Deus por meio da nossa hospitalidade. Abrindo o nosso lar ou cumprimentando com um sorriso, podemos estender o cuidado e a hospitalidade de Deus a um mundo solitário e ferido.

Amy Boucher Pye

Julho

DOM 17

manhã

tarde

noite

SEG 18

manhã

tarde

noite

TER 19

manhã

tarde

noite

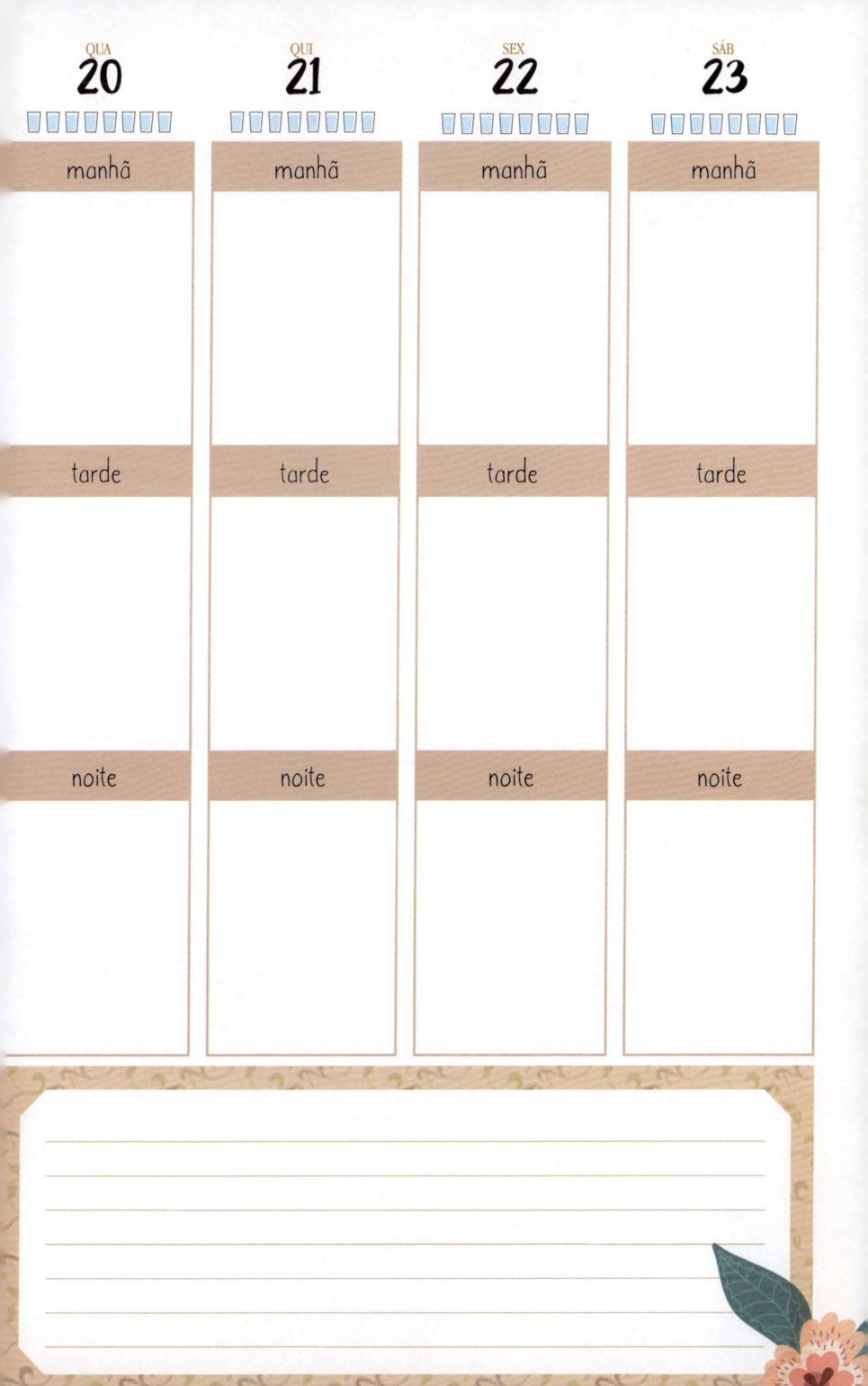

QUA **20**	QUI **21**	SEX **22**	SÁB **23**
manhã	manhã	manhã	manhã
tarde	tarde	tarde	tarde
noite	noite	noite	noite

Semana abençoada

Metas da semana

Comprar

Fazer

Ideias

Prepare-se para uma semana de autoperdão

Leitura: Isaías 43:25; 44:21-23

Afastados

Afastei seus pecados para longe como uma nuvem; dispersei suas maldades como a névoa da manhã. **Isaías 44:22**

Em 1770, a casca do pão era usada para apagar marcas no papel. Pegando um pedaço de borracha de látex por engano, o engenheiro Edward Nairne descobriu que esse material apagava, deixando "partículas" que eram facilmente afastadas com a mão.

No nosso caso, os piores erros da nossa vida também podem ser afastados. É o Senhor — o Pão da Vida — que os limpa com a sua própria vida, prometendo nunca se lembrar dos nossos pecados: "Eu, somente eu, por minha própria causa, apagarei seus pecados e nunca mais voltarei a pensar neles" (Isaías 43:25).

Isso pode parecer ser um reparo extraordinário — e não merecido. Para muitos, é difícil acreditar que os nossos pecados do passado possam ser dispersos por Deus "como a névoa da manhã". Será que Deus, que conhece todas as coisas, pode esquecê-los tão facilmente?

É exatamente o que Deus faz quando aceitamos Jesus como nosso Salvador. Escolhendo perdoar os nossos pecados e nunca mais voltar a pensar neles, nosso Pai celestial nos libera para prosseguirmos. Não mais afastados pelos erros do passado, somos livres dos resíduos e purificados para servir hoje e para sempre.

Sim, as consequências podem permanecer. Mas Deus afasta o pecado, convidando-nos a buscar nele uma nova vida purificada. Não existe forma melhor de ser purificado.

Patricia Raybon

Julho

DOM 24	SEG 25	TER 26
manhã	manhã	manhã
tarde	tarde	tarde
noite	noite	noite

QUA **27**	QUI **28**	SEX **39**	SÁB **30**
manhã	manhã	manhã	manhã
tarde	tarde	tarde	tarde
noite	noite	noite	noite

Semana abençoada

Metas da semana

Comprar

Fazer

Ideias

Prepare-se para uma semana de sensibilidade

Leitura: Hebreus 2:9-18

Sem-teto por opção

...ele próprio passou por sofrimento e tentação, é capaz de ajudar aqueles que são tentados.

Hebreus 2:18

Desde 1989, o diretor-executivo Keith Wasserman decidiu viver como um sem-teto por alguns dias todos os anos a fim de crescer em amor e compaixão. "Vou viver nas ruas para expandir os meus horizontes e a compreensão sobre as pessoas que não têm onde morar", disse Keith.

Fico me questionando se a abordagem dele de tornar-se igual às pessoas que ele serve não seja talvez uma pequena amostra do que Jesus fez por nós. O próprio Deus, o criador do Universo, escolheu limitar-se ao estado de bebê, viver como ser humano e morrer nas mãos de homens para que tenhamos um relacionamento com o Senhor.

O autor de Hebreus afirmou que Jesus "também se tornou carne e sangue [...] e, somente ao morrer, destruiria o diabo, que tinha o poder da morte" (v.14). Jesus fez-se inferior aos anjos mesmo sendo o seu Criador (v.9). Tornou-se humano e morreu mesmo sendo imortal. E sofreu por nós mesmo sendo o Deus Todo-poderoso. Por quê? Para nos auxiliar nas tentações e nos reconciliar com Deus (vv.17,18).

Que experimentemos o amor de Deus hoje, sabendo que o Senhor entende a nossa humanidade e já ofereceu o caminho para sermos purificados dos pecados.

Estera Pirosca Escobar

Julho

	DOM **31**	SEG **01**	TER **02**
	manhã	manhã	manhã
	tarde	tarde	tarde
	noite	noite	noite

QUA 03	QUI 04	SEX 05	SÁB 06
manhã	manhã	manhã	manhã
tarde	tarde	tarde	tarde
noite	noite	noite	noite

Planejamento agosto

	DOM	SEG	TER
		01	02
	07	08	09
	14	15	16
	21	22	23
	28	29	30

Planejamento agosto

QUA	QUI	SEX	SÁB
03	04	05	06
10	11	12	13
17	18	19	20
24	25	26	27
31			

Objetivos para agosto

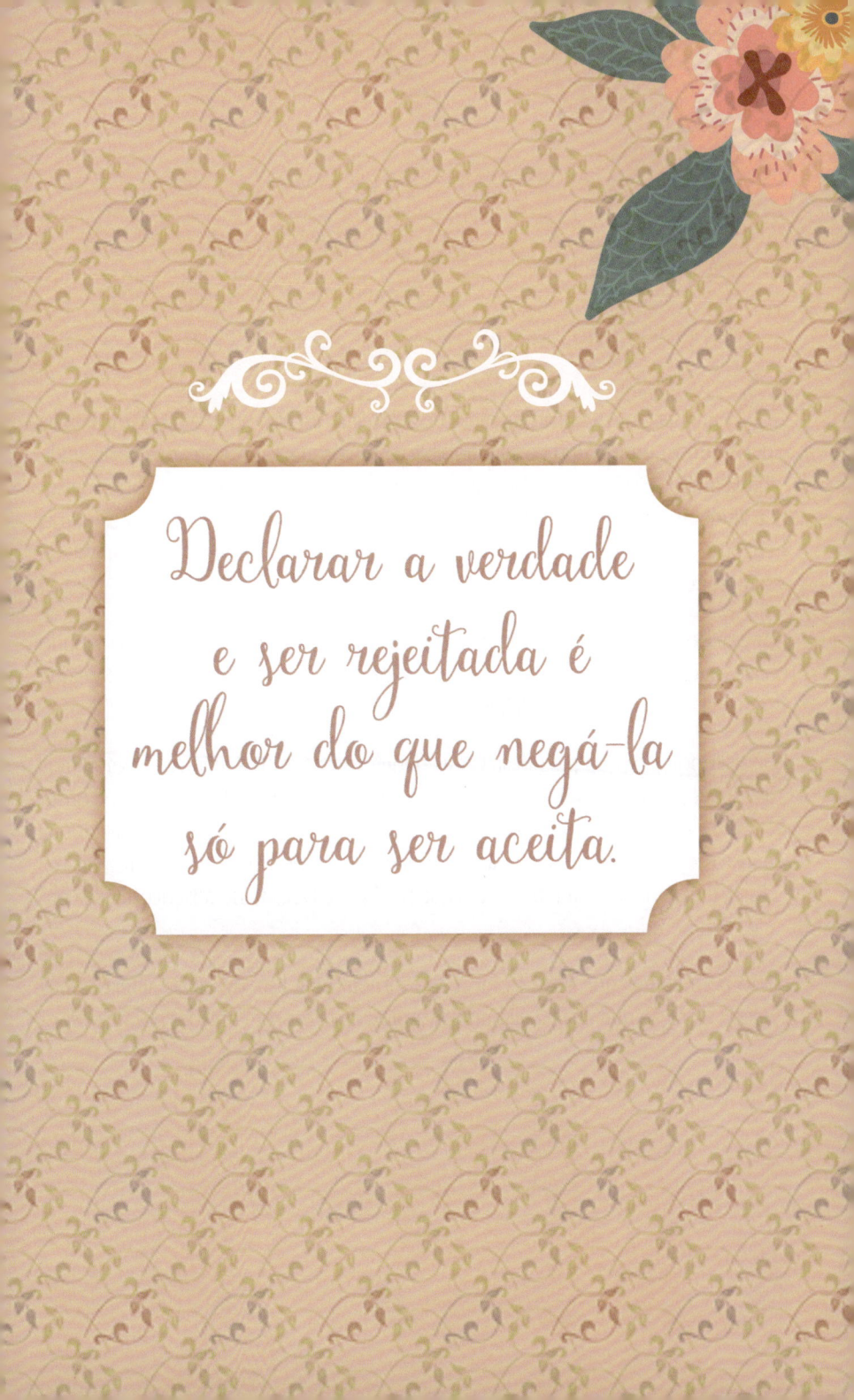

Declarar a verdade e ser rejeitada é melhor do que negá-la só para ser aceita.

Círculos de oração

Sentados em círculo, as meninas do sexto ano escolar oravam em turnos umas pelas outras, num grupo de estudo bíblico. Ana orou: "Pai celeste, por favor, ajude Tânia a não ser tão louca pelos rapazes". Tânia acrescentou com um sorriso falso: "E ajude Ana a parar de agir de forma tão horrível na escola e incomodar as outras crianças". Em seguida, Talita orou: "Senhor, ajude Tânia a ouvir sua mãe em vez de sempre retrucar".

Apesar dos pedidos serem verdadeiros as meninas pareciam divertir-se embaraçando suas amigas e apontando falhas ao invés de preocuparem-se com a necessidade que tinham em receber a ajuda de Deus.

Se usarmos a oração para destacar as fraquezas dos outros, enquanto ignoramos as nossas próprias, seremos como os fariseus na parábola de Jesus. O fariseu orou: "…Ó Deus, graças te dou porque não sou como os demais homens, roubadores, injustos e adúlteros, nem ainda como este publicano" (Lucas 18:11). Mas em vez disso, devemos ser como o homem que pediu que Deus fosse misericordioso com ele, "um pecador" (v.13).

Não permitamos que nossas orações se tornem uma lista de falhas alheias. Deus deseja a oração que resulta da humilde avaliação de nossos corações pecaminosos.

Anne M. Cetas

Aplicação pessoal

Orar por

A melhor oração vem das profundezas de um coração humilde.

Semana abençoada

Metas da semana

Comprar

Fazer

Ideias

Prepare-se para uma semana de fé
Leitura: Êxodo 10:21-29

Continue

> Pela fé, [Moisés] saiu do Egito sem medo da ira do rei...
> **Hebreus 11:27**

Trabalhar no mundo corporativo permitiu que eu interagisse com muitas pessoas talentosas. Entretanto, um projeto liderado à distância foi uma exceção. Apesar do progresso da equipe, o supervisor criticava nosso trabalho durante cada conferência semanal, o que me deixava desencorajada e temerosa. Às vezes, eu sentia vontade de pedir demissão.

É possível que Moisés tivesse sentido vontade de desistir quando encontrou o Faraó durante a praga das trevas. Deus tinha lançado oito outros desastres épicos no Egito, e o Faraó finalmente explodiu: "Fora daqui! [...] nunca mais apareça diante de mim! No dia em que vir meu rosto, você morrerá!" (Êxodo 10:28).

Apesar da ameaça, Moisés foi usado por Deus para libertar os israelitas do domínio do Faraó. "Pela fé, [Moisés] saiu do Egito *sem medo* da ira do rei e prosseguiu sem vacilar, como quem vê aquele que é invisível" (v.27). Moisés venceu o Faraó por acreditar que Deus manteria a Sua promessa de libertação (Êxodo 3:17).

Hoje, podemos confiar na promessa de que Deus está conosco em qualquer situação. Seu Espírito nos sustenta. Ele nos ajuda a resistir à pressão da intimidação e das respostas erradas, concedendo-nos poder sobrenatural, amor e domínio próprio (2 Timóteo 1:7). O Espírito provê a coragem que precisamos para prosseguir e seguir a direção de Deus em nossa vida.

Jennifer Benson Schuldt

Agosto

DOM 31
- manhã
- tarde
- noite

SEG 01
- manhã
- tarde
- noite

TER 02
- manhã
- tarde
- noite

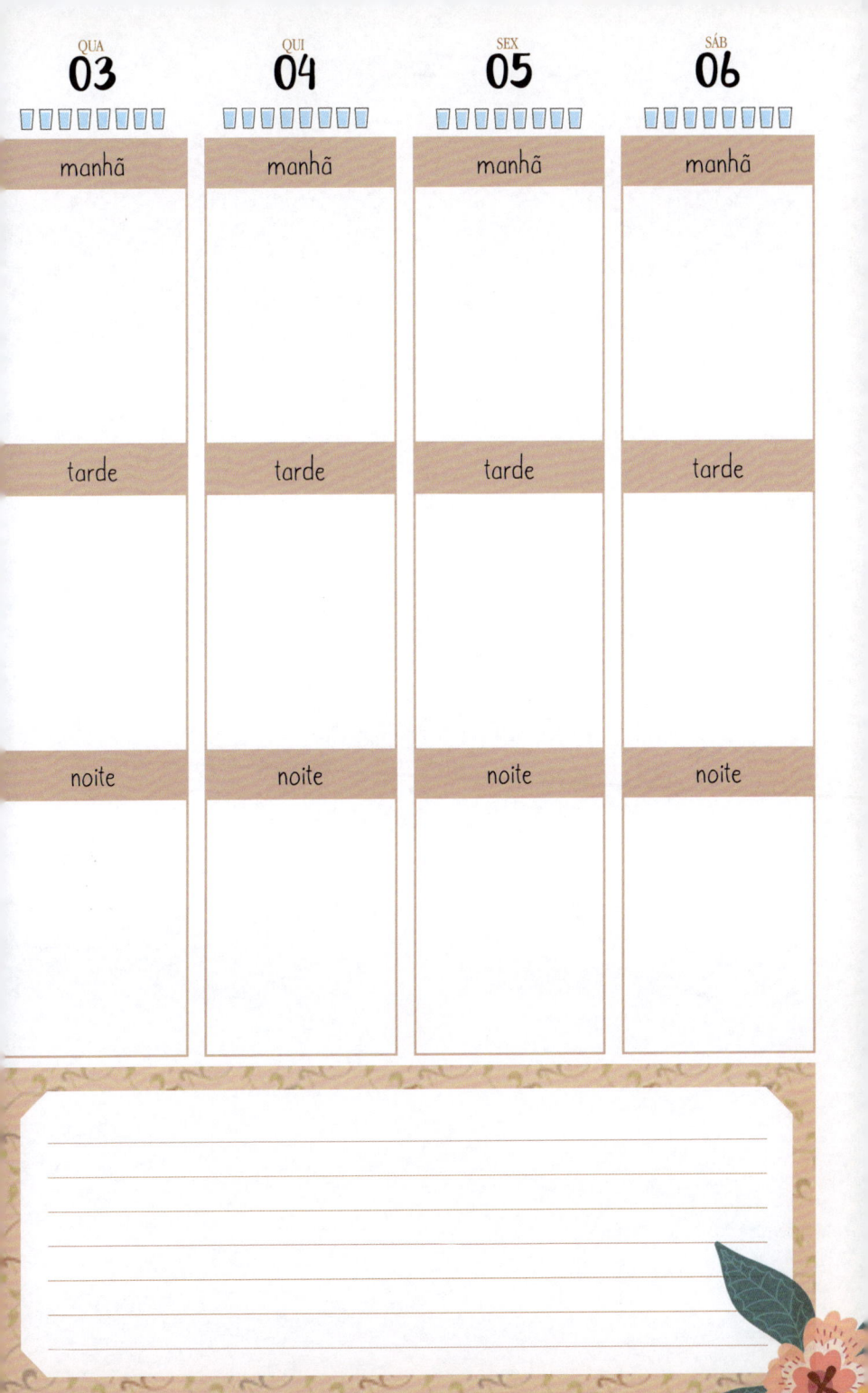

QUA **03**	QUI **04**	SEX **05**	SÁB **06**
☐☐☐☐☐☐☐☐	☐☐☐☐☐☐☐☐	☐☐☐☐☐☐☐☐	☐☐☐☐☐☐☐☐
manhã	manhã	manhã	manhã
tarde	tarde	tarde	tarde
noite	noite	noite	noite

Semana abençoada

Metas da semana

Comprar

Fazer

Ideias

Prepare-se para uma semana de contentamento

Leitura: Habacuque 3:16-19

Alegria em tempos difíceis

Mesmo assim me alegrarei no Senhor, exultarei no Deus de minha salvação!
Habacuque 3:18

A mensagem de voz da minha amiga terminava com: "Faça o seu dia ser bom!". Ao refletir sobre suas palavras, percebi que não temos o poder de tornar o nosso dia sempre "bom" — algumas circunstâncias são devastadoras. Mas um olhar cauteloso pode revelar algo belo no meu dia, mesmo que as coisas estejam ruins.

Habacuque não passava por circunstâncias fáceis. Deus lhe havia mostrado dias em que nenhuma das colheitas nem dos rebanhos, dos quais o povo dependia, seria produtivo (v.17). Seria preciso mais do que simples otimismo para suportar as dificuldades que viriam. Israel viveria extrema pobreza, e Habacuque provava o medo que faz o coração palpitar, os lábios estremecerem e as pernas tremerem (v.16).

Mas ele afirmou que se alegraria e exultaria "no Senhor" (v.18). Assim, proclamou sua esperança no Deus que provê a força para atravessarmos situações difíceis (v.19).

Às vezes, passamos por fases de dor profunda e dificuldades. Mas não importa o que perdemos, desejamos e nunca tivemos. Como Habacuque, podemos alegrar-nos em nosso relacionamento com o Deus de amor. Mesmo quando parece que nada mais nos resta, Ele nunca falhará nem nos abandonará (Hebreus 13:5). Aquele que cuida de "todos que choram" é o maior motivo da nossa alegria (Isaías 61:3).

Kirsten H. Holmberg

Agosto

DOM 07
manhã
tarde
noite

SEG 08
manhã
tarde
noite

TER 09
manhã
tarde
noite

QUA
10

manhã

tarde

noite

QUI
11

manhã

tarde

noite

SEX
12

manhã

tarde

noite

SÁB
13

manhã

tarde

noite

Semana abençoada

Metas da semana

Comprar

Fazer

Ideias

Prepare-se para uma semana de louvor
Leitura: Salmo 30

Do pranto à adoração

Transformaste meu pranto em dança; [...] me vestiste de alegria.
Salmo 30.11

Kelly começou a lutar contra o câncer de mama em 2013. Quatro dias após o fim do tratamento, os médicos a diagnosticaram com uma doença progressiva nos pulmões e lhe deram de três a cinco anos de vida. No primeiro ano, ela chorava em oração diante de Deus. Quando a conheci em 2015, Kelly havia entregado seu problema a Deus e irradiava alegria e paz. Alguns dias ainda são difíceis, porém Deus continua a transformar o sofrimento dela num testemunho de louvor e esperança.

Mesmo em situações graves, Deus pode transformar nosso pranto em dança. Embora a Sua cura nem sempre pareça o que esperamos, podemos confiar nos caminhos do Senhor (vv.1-3). Não importa o quanto o nosso caminho seja marcado por lágrimas, temos inúmeros motivos para louvá-lo (v.4). Podemos ter alegria em Deus, à medida que Ele firma nossa fé (vv.5-7). Podemos clamar por Sua misericórdia (vv.8-10), celebrando a esperança que Ele concedeu a tantos adoradores chorosos. Apenas Deus pode transformar o pranto desesperado em vibrante alegria que independe das circunstâncias (vv.11,12).

Nosso Deus nos consola na tristeza, nos envolve em paz e nos capacita a estender a compaixão a outros e a nós mesmos. Nosso Senhor amoroso e fiel pode e vai transformar nosso pranto em louvor que produz confiança profunda, glorificação e talvez até a alegre dança.

Xochitl E. Dixon

Agosto

DOM 14	SEG 15	TER 16
☐☐☐☐☐☐☐	☐☐☐☐☐☐☐	☐☐☐☐☐☐☐
manhã	manhã	manhã
tarde	tarde	tarde
noite	noite	noite

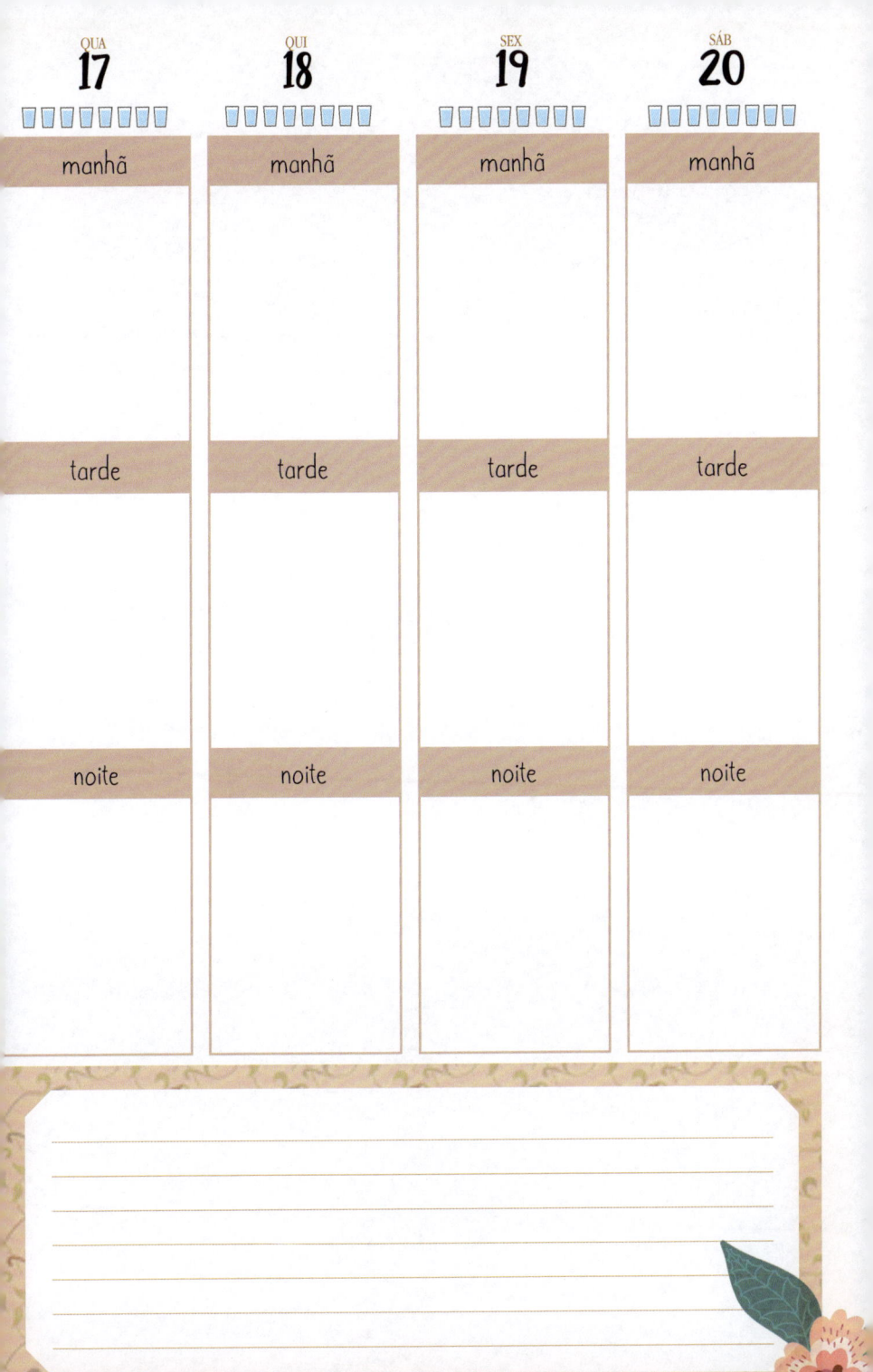

QUA **17**	QUI **18**	SEX **19**	SÁB **20**
manhã	manhã	manhã	manhã
tarde	tarde	tarde	tarde
noite	noite	noite	noite

Semana abençoada

Metas da semana

Comprar

Fazer

Ideias

Prepare-se para uma semana de demonstrações

Leitura: Efésios 2:4-10

Feito à mão para você

...somos obra-prima de Deus, criados [...] a fim de realizar as boas obras que ele [...] planejou para nós.

Efésios 2:10

Minha avó foi uma costureira talentosa e premiada que, ao longo da minha vida, celebrou ocasiões importantes com presentes feitos à mão: um suéter na formatura, uma colcha no meu casamento. Em cada item customizado, eu encontrava sua etiqueta, que dizia: "Feito pra você pela vovó". Em cada palavra bordada, eu sentia seu amor por mim e recebia uma declaração poderosa de sua fé em meu futuro.

Paulo escreveu aos efésios sobre o propósito deles neste mundo, descrevendo-os como "obra-prima de Deus, criados em Cristo Jesus a fim de realizar as boas obras" (2:10). Aqui, a palavra "obra-prima" denota um trabalho ou obra de arte. O apóstolo afirma que a obra-prima de Deus ao nos criar resultaria na nossa obra-prima de criar boas obras — ou expressões do nosso relacionamento restaurado com Cristo Jesus, para a Sua glória no mundo. Jamais poderemos ser salvos pelas nossas boas obras, mas, quando a mão de Deus nos molda para os Seus propósitos, Ele pode nos usar para conduzir outros ao Seu grande amor.

Minha avó produziu itens que transmitiram seu amor por mim e sua paixão para que eu descobrisse meu propósito neste planeta. E, com os dedos moldando os detalhes dos nossos dias, Deus borda Seu amor e Seus propósitos no nosso coração para que possamos experimentá-lo e demonstrar Sua obra-prima aos outros.

Elisa Morgan

Agosto

DOM **21**	SEG **22**	TER **23**
manhã	manhã	manhã
tarde	tarde	tarde
noite	noite	noite

QUA **24**	QUI **25**	SEX **26**	SÁB **27**
manhã	manhã	manhã	manhã
tarde	tarde	tarde	tarde
noite	noite	noite	noite

Semana abençoada

Metas da semana

Comprar

Fazer

Ideias

Prepare-se para uma semana de confiança

Leitura: 2 Coríntios 4:16-18

Obscurecido pelas nuvens

...não olhamos para aquilo que agora podemos ver; em vez disso [...] naquilo que não se pode ver.

2 Coríntios 4:18

A superlua rara apareceu em novembro de 2016: a Lua em sua órbita alcançou o ponto mais próximo da Terra nos últimos 60 anos e pareceu maior e mais brilhante do que das outras vezes. Mas, para mim, o céu estava nublado e cinzento naquele dia. Vi fotos lindas dessa maravilha que os meus amigos tiraram de outros lugares e precisei acreditar que a superlua estava escondida atrás das nuvens.

Paulo aconselhou que diante das dificuldades a igreja de Corinto acreditasse no que não se pode ver, mas que durará para sempre. Ele falou sobre como as "aflições pequenas e momentâneas" atingem uma "glória que durará para sempre" (v.17). Logo, eles poderiam fixar os olhos não no "que agora podemos ver", mas "naquilo que não se pode ver", porque o invisível é eterno (v.18). Paulo ansiava por ver a fé dos coríntios e a nossa crescer e que, apesar dos sofrimentos, também confiássemos em Deus. Talvez, não sejamos capazes de vê-lo, mas podemos crer que o Senhor nos renova dia a dia (v.16).

Naquela noite, meditei sobre como Deus é invisível, mas eterno, quando contemplei as nuvens no céu sabendo que a superlua estava escondida, porém ela estava lá no céus. E desejei que, da próxima vez em que eu estivesse propensa a crer que Deus está longe de mim, fixaria os meus olhos no que é invisível.

Amy Boucher Pye

Agosto

DOM 28	SEG 29	TER 30
manhã	manhã	manhã
tarde	tarde	tarde
noite	noite	noite

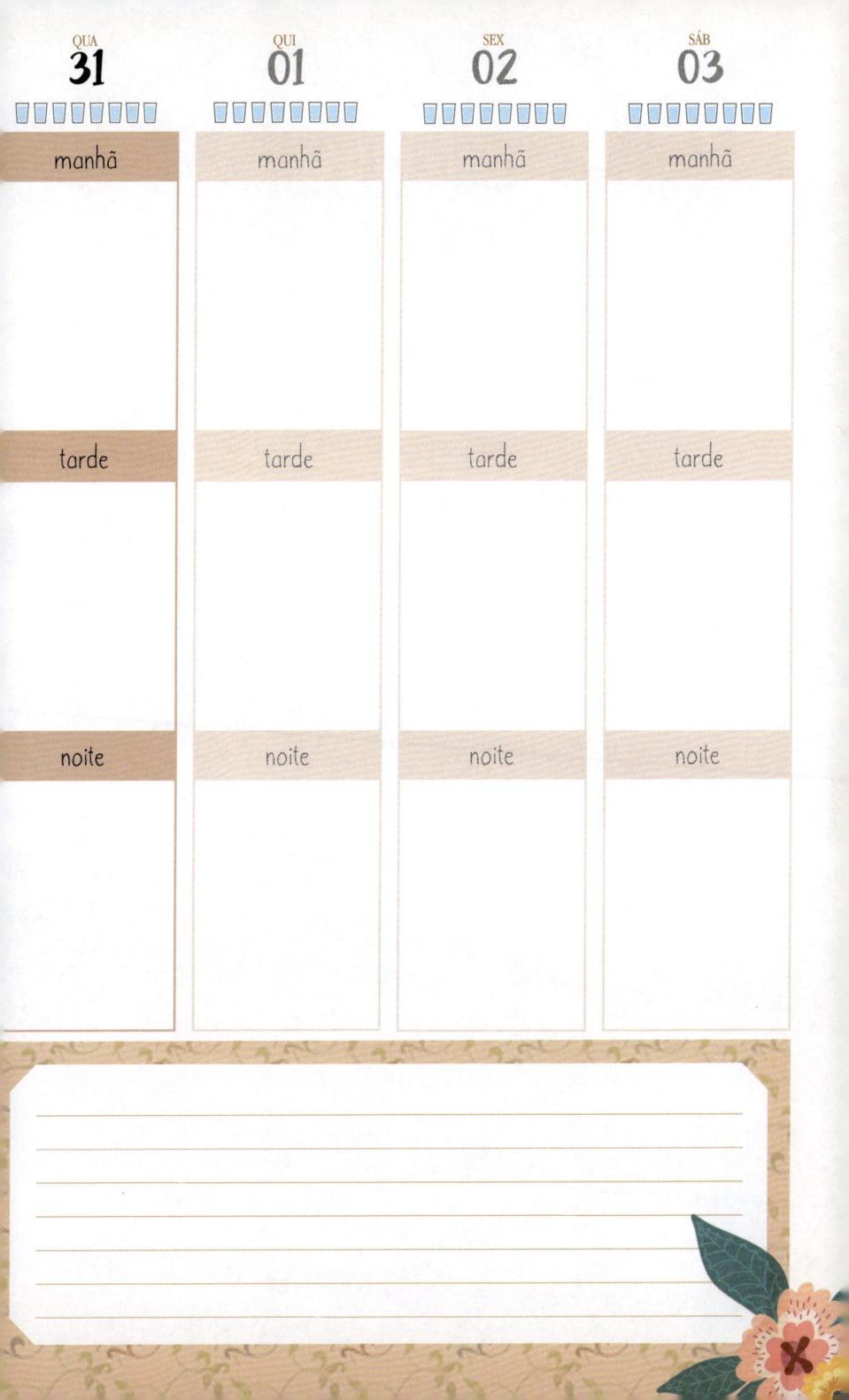

QUA **31**	QUI **01**	SEX **02**	SÁB **03**
manhã	manhã	manhã	manhã
tarde	tarde	tarde	tarde
noite	noite	noite	noite

Planejamento setembro

DOM	SEG	TER
04	05	06
11	12	13
18	19	20
25	26	27

Planejamento setembro

QUA	QUI	SEX	SÁB
	01	02	03
Independência do Brasil — 07	08	09	10
14	15	16	17
21	22	23	24
28	29	30	

Objetivos para setembro

O jugo suave
de Jesus
pode tornar leve
o mais pesado fardo.

Nunca dormimos

Em meados dos anos 1800, o detetive Allan Pinkerton tornou-se famoso por esclarecer uma série de roubos de trens e frustrar uma conspiração para assassinar Abraham Lincoln, quando este viajava a caminho de sua primeira solenidade inaugural. Sendo uma das primeiras agências desse tipo nos EUA, a *Agência de Detetives Pinkerton* ganhou ainda maior importância devido à sua logomarca de um olho bem aberto e uma frase: "Nunca dormimos".

Não há melhor sensação do que sentir-se protegido e seguro. Você se sente sereno ao pegar no sono à noite com as portas trancadas e tudo silencioso. Muitos, porém, ficam acordados em suas camas com pensamentos apreensivos sobre o presente ou pavor do futuro. Alguns têm medo do tumulto lá fora ou de um cônjuge que tem sido violento. Alguns não conseguem descansar por se preocuparem com um filho rebelde. Outros ficam escutando, ansiosamente, para ver se o filho muito doente ainda respira.

São essas as horas em que nosso Deus amoroso nos encoraja a clamar a Ele, àquele que "…não dormita nem dorme…" (Salmo 121:4). O Salmo 34:15 nos lembra que "Os olhos do Senhor repousam sobre os justos, e os seus ouvidos estão abertos ao seu clamor".

Pinkerton pode ter sido o olho particular inicial, mas aquele que realmente tem o olho que nunca dorme está atento aos clamores dos justos (Salmo 34:17).

Cindy Hess Kasper

Aplicação pessoal

Orar por

Quando lembramos que Deus está acordado, podemos dormir em paz.

Semana abençoada

Metas da semana

Comprar

Fazer

Ideias

Prepare-se para uma semana de perseverança
LEITURA: Gálatas 6:7-10

A bênção virá

...não nos cansemos de fazer o bem. [...] teremos uma colheita de bênçãos, se não desistirmos.

GÁLATAS 6:9

Fiz uma caminhada com uma amiga e os netos dela, e, enquanto empurrava o carrinho do bebê, ela comentou que estava desperdiçando os seus esforços. O marcador de passos do seu relógio de pulso não estava contando suas passadas porque ela não balançava os braços. Lembrei-a de que aquele exercício ajudava a sua saúde física mesmo assim. Ela sorriu: "Mas eu quero receber a estrela dourada deste dia!".

Entendo como ela se sente! É desencorajador trabalhar em algo sem resultados imediatos. Mas recompensas nem sempre são imediatas ou imediatamente visíveis.

Quando isso ocorre, é fácil sentir que as coisas boas que fazemos são inúteis. Paulo explicou para a igreja da Galácia que a "pessoa sempre colherá aquilo que semear" (v.7). Então, que "não nos cansemos de fazer o bem. No momento certo, teremos uma colheita de bênçãos, se não desistirmos" (v.9). Fazer o bem não é um jeito de ganhar a salvação, e o texto não especifica se o colheremos aqui ou no Céu, mas podemos ter certeza de que haverá uma "colheita de bênçãos" (v.9).

É difícil fazer o bem, especialmente quando não vemos ou não sabemos qual será a "colheita". Mas, como no caso da minha amiga, que teve os benefícios físicos com a caminhada, vale a pena prosseguir, porque a bênção virá!

Julie Schwab

Setembro

DOM 28	SEG 29	TER 30
☐☐☐☐☐☐☐☐	☐☐☐☐☐☐☐☐	☐☐☐☐☐☐☐☐
manhã	manhã	manhã
tarde	tarde	tarde
noite	noite	noite

QUA 31	QUI 01	SEX 02	SÁB 03
manhã	manhã	manhã	manhã
tarde	tarde	tarde	tarde
noite	noite	noite	noite

Semana abençoada

Metas da semana

Comprar

Fazer

Ideias

Prepare-se para uma semana de diligência

Leitura: Jó 38:1-11

Lembrando do meu pai

Em tudo que fizerem, trabalhem de bom ânimo, como se fosse para o Senhor...
Colossenses 3:23

Quando lembro do meu pai, imagino-o martelando, fazendo jardinagem ou trabalhando em sua oficina bagunçada, cheia de ferramentas fascinantes e acessórios. As mãos dele estavam sempre ocupadas numa tarefa ou projeto, às vezes serrando, às vezes projetando joias ou vitrais.

Lembrar-me do meu pai me incita a pensar no meu Pai celestial e Criador, que sempre está ocupado. No início, Deus lançou "os alicerces do mundo […] enquanto as estrelas da manhã cantavam juntas, e os anjos davam gritos de alegria" (Jó 38:4-7). Tudo o que Ele criava era uma obra de arte, uma obra-prima. Ele projetou um mundo lindíssimo e viu que era "muito bom" (Gênesis 1:31).

Isso inclui você e eu. Deus nos projetou com detalhes íntimos e complexos (Salmo 139:13-16); e confiou a nós (criados à Sua imagem) o propósito e o desejo de trabalhar, o que inclui dominar e cuidar da Terra e de suas criaturas (Gênesis 1:26-28; 2:15). Não importa o trabalho que façamos, em nosso emprego ou no lazer, Deus nos capacita e nos dá o que precisamos para trabalhar de todo o coração para Ele.

Em tudo o que fizermos, que o façamos para agradar a Deus.

Alyson Kieda

Setembro

DOM 04	SEG 05	TER 06
manhã	manhã	manhã
tarde	tarde	tarde
noite	noite	noite

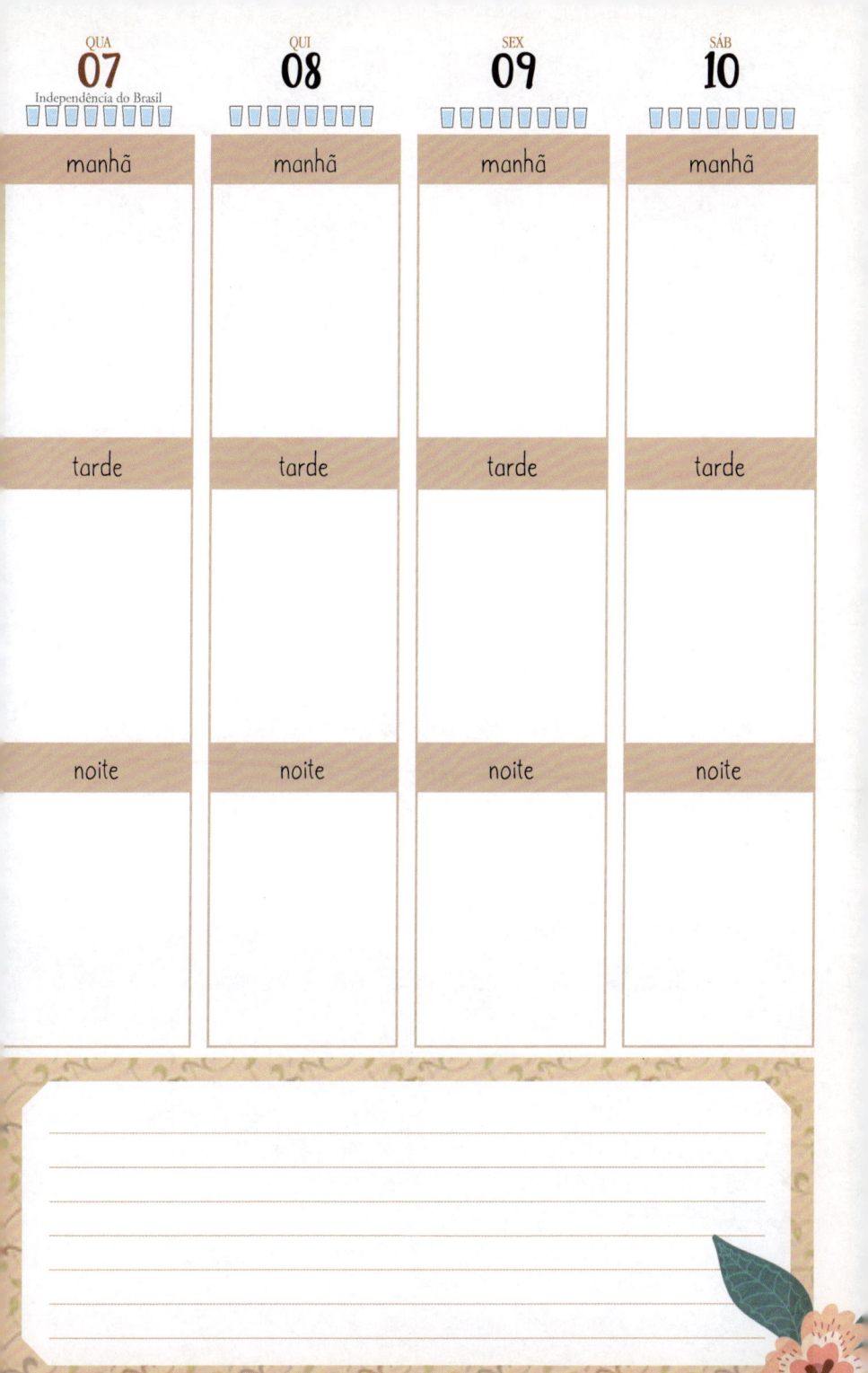

QUA **07** Independência do Brasil	QUI **08**	SEX **09**	SÁB **10**
manhã	manhã	manhã	manhã
tarde	tarde	tarde	tarde
noite	noite	noite	noite

Semana abençoada

Metas da semana

Comprar

Fazer

Ideias

… **Prepare-se para uma semana de fortalecimento**
Leitura: Salmo 125:1-5

Cercadas por Deus

*Assim como os montes cercam Jerusalém,
o Senhor se põe ao redor de seu povo, agora e para sempre.*
Salmo 125:2

Num aeroporto lotado, uma jovem mãe se virava sozinha. Seu filhinho fazia birra: gritando, chutando e se recusando a embarcar. Grávida, a jovem mãe sobrecarregada desistiu, abaixou-se no chão, frustrada, e cobrindo o rosto começou a soluçar.

De repente, seis ou sete mulheres, todas estranhas, formaram um círculo ao redor da jovem e de seu filho — compartilhando salgadinhos, água, abraços carinhosos e até canções de ninar. Esse círculo de amor acalmou a mãe e a criança, que, em seguida, embarcaram. As outras mulheres voltaram aos seus lugares sem precisar falar sobre o que tinham feito, mas sabendo que o apoio que haviam dado tinha fortalecido uma jovem mãe exatamente no momento em que ela mais precisou.

Isso ilustra uma bela verdade do Salmo 125: "Assim como os montes cercam Jesusalém, o Senhor se põe ao redor de seu povo". A imagem nos relembra de como a cidade agitada de Jerusalém é, na verdade, ladeada por montes que as circundam, dentre eles, o monte das Oliveiras, o monte Sião e o monte Moriá.

Da mesma forma, Deus cerca o Seu povo — sustentando e protegendo a nossa alma "agora e para sempre". Assim sendo, em dias difíceis, olhe para cima, "para os montes" como fala o salmista (121:1). Deus nos espera com a oferta de forte ajuda, esperança inabalável e amor eterno.

Patricia Raybon

Setembro

DOM **11**	SEG **12**	TER **13**
manhã	manhã	manhã
tarde	tarde	tarde
noite	noite	noite

QUA
14

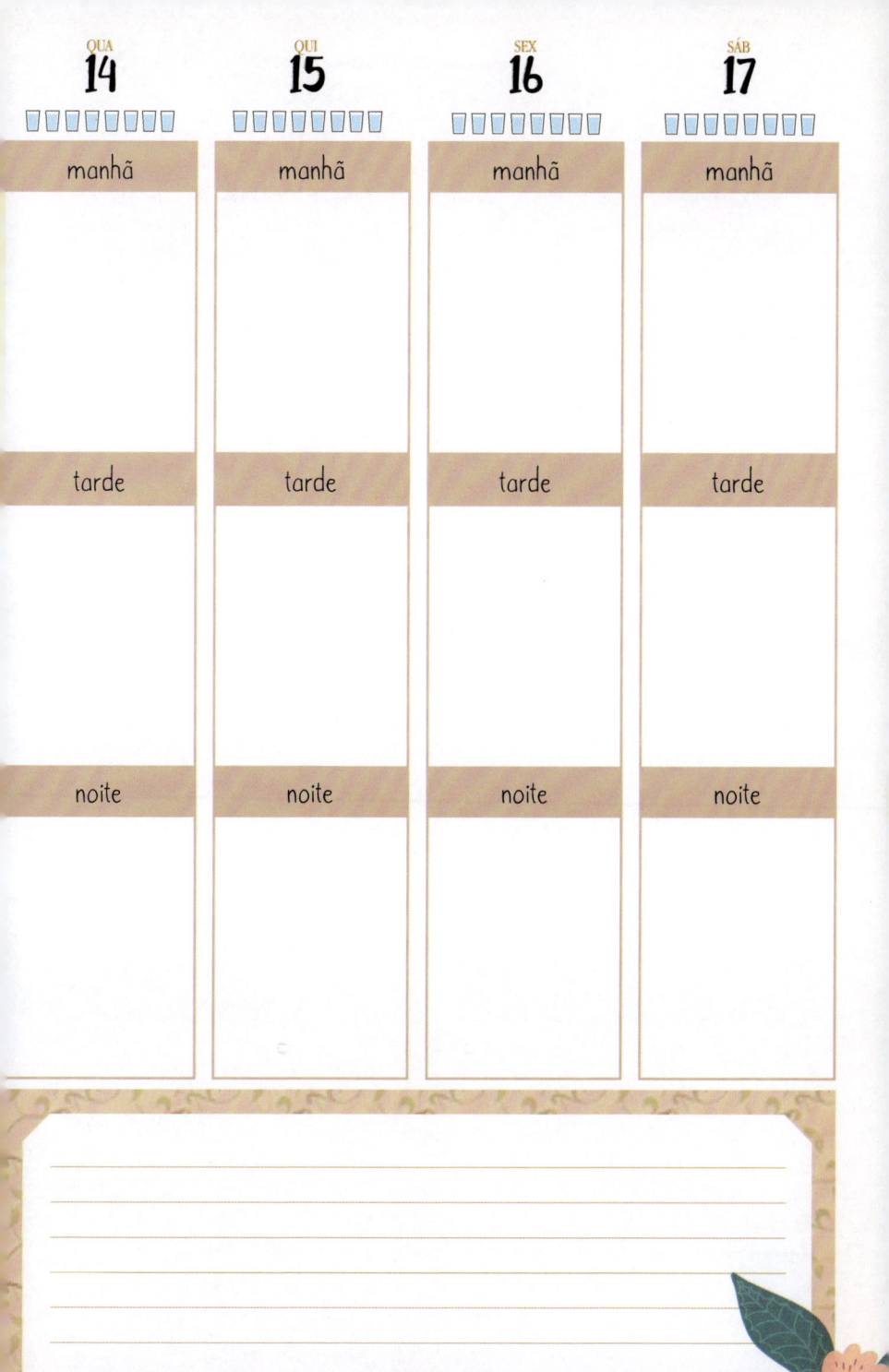

manhã

tarde

noite

QUI
15

manhã

tarde

noite

SEX
16

manhã

tarde

noite

SÁB
17

manhã

tarde

noite

Semana abençoada

Metas da semana

Comprar

Fazer

Ideias

Prepare-se para uma semana de reverência
LEITURA: Hebreus 1:1-4

Criador e Sustentador

O Filho irradia a glória de Deus [...] com sua palavra poderosa, sustenta todas as coisas...
HEBREUS 1:1-4

Trabalhando com vidro e pinças, o relojoeiro suíço Phillipe me explicou como ele separa, limpa e remonta as peças minúsculas de relógios mecânicos especiais. Olhando todas as peças complexas, Phillipe me mostrou o componente essencial do relógio: a mola principal, responsável por mover todas as engrenagens que fazem o relógio marcar o tempo. Sem ela, nem o relógio mais magistralmente projetado funcionará.

Na passagem de Hebreus, o escritor louva a Jesus por ser aquele por meio de quem Deus criou os Céus e a Terra. Como a complexidade do relógio especial, cada detalhe do nosso Universo foi criado por Jesus (v.2). Da vastidão do sistema solar à unicidade das nossas digitais, todas as coisas foram feitas por Ele.

Mais do que o Criador, Jesus, como a mola principal do relógio, é essencial para o funcionamento e o sucesso da criação. Sua presença "com sua palavra poderosa, sustenta todas as coisas" (v.3), mantendo tudo funcionando em conjunto em sua complexidade impressionante.

Ao ter a oportunidade de provar a beleza da criação hoje, lembre-se de que Ele "mantém tudo em harmonia" (COLOSSENSES 1:17). Que o reconhecimento do papel vital de Jesus em criar e sustentar o Universo resulte num coração alegre e numa resposta de louvor à Sua provisão contínua por nós.

Lisa M. Samra

Setembro

DOM 18
- manhã
- tarde
- noite

SEG 19
- manhã
- tarde
- noite

TER 20
- manhã
- tarde
- noite

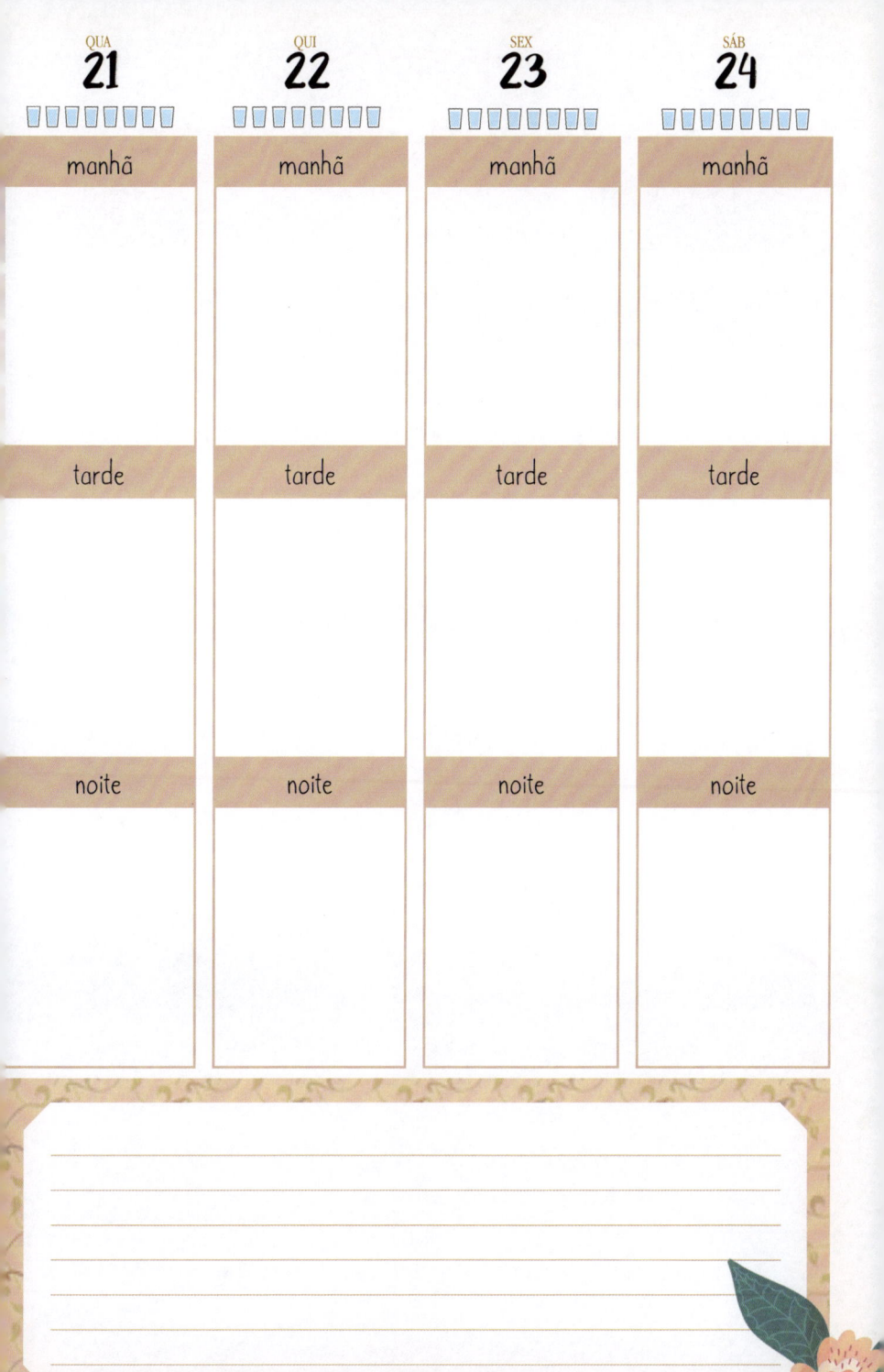

QUA **21**	QUI **22**	SEX **23**	SÁB **24**
manhã	manhã	manhã	manhã
tarde	tarde	tarde	tarde
noite	noite	noite	noite

Semana abençoada

Metas da semana

Comprar

Fazer

Ideias

Prepare-se para uma semana de convites
Leitura: João 1:43-51

O maior presente

...Encontramos [...] Jesus de Nazaré, filho de José.
João 1:45

Depois de lhe contar que eu havia recebido Jesus como Salvador, minha amiga Bárbara me deu o maior presente de todos: minha primeira Bíblia. Ela disse: "Você pode se achegar a Deus e amadurecer espiritualmente encontrando-se com Ele todos os dias, lendo as Escrituras, orando, confiando e obedecendo-o". Minha vida mudou quando ela me sugeriu que conhecesse melhor a Deus.

Ela me lembra de Filipe. Depois de Jesus o convidar para segui-lo (v.43), o apóstolo imediatamente disse ao seu amigo Natanael que Jesus era "aquele sobre quem Moisés, na lei, e os profetas escreveram" (v.45). Quando Natanael duvidou, Filipe não discutiu, não o criticou nem desistiu do amigo. Simplesmente o convidou para conhecer Jesus face a face: "Venha e veja você mesmo" (v.46).

Imagino a alegria de Filipe ao ouvir Natanael declarar Jesus como "o Filho de Deus" e "o Rei de Israel" (v.49). Que bênção saber que seu amigo não deixaria de ver as "coisas maiores" que Jesus prometeu que eles veriam (vv.50,51).

O Espírito inicia o nosso relacionamento íntimo com Deus e então passa a viver naqueles que respondem com fé. Ele nos capacita a conhecê-lo pessoalmente e a convidar outros a encontrá-lo todos os dias por Seu Espírito e Escrituras. Um convite para conhecer Jesus face a face é um grande presente para se oferecer e para se receber.

Xochitl E. Dixon

Setembro

DOM 25	SEG 26	TER 27
manhã	manhã	manhã
tarde	tarde	tarde
noite	noite	noite

QUA **28**	QUI **29**	SEX **30**	SÁB **01**
manhã	manhã	manhã	manhã
tarde	tarde	tarde	tarde
noite	noite	noite	noite

Planejamento outubro

	DOM	SEG	TER
	02	03	04
	09	10	11
	16	17	18
	23 – 30	24 – 31	25

Planejamento outubro

QUA	QUI	SEX	SÁB
			01
05	06	07	08
Padroeira do Brasil **12**	13	14	15
19	20	21	22
26	27	28	29

Objetivos para outubro

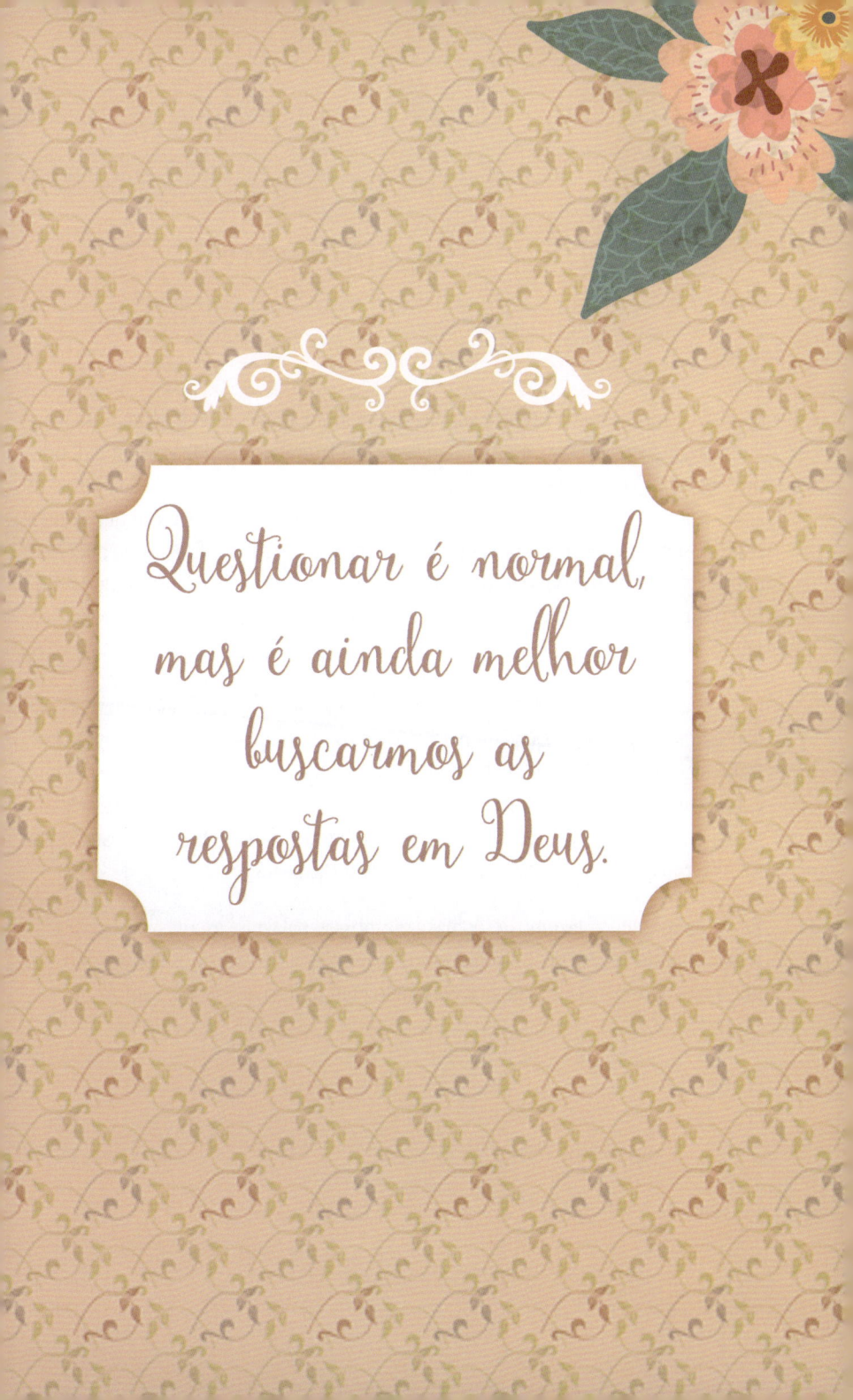

Questionar é normal, mas é ainda melhor buscarmos as respostas em Deus.

Materiais perigosos

Ouvi o forte som da sirene e suas luzes piscavam através do meu para-brisa. Elas iluminavam as palavras "materiais perigosos" na lateral do caminhão. Soube depois que seguiam para um laboratório de ciências, onde um recipiente de 400 litros de ácido sulfúrico tinha começado a vazar. O esquadrão de segurança teve que conter essa substância imediatamente devido a sua capacidade de danificar o que quer que entrasse em contato com o ácido. Pensando sobre isso, perguntava-me o que aconteceria se as sirenes tocassem toda vez que uma palavra dura ou crítica "vazasse" da minha boca? Infelizmente, haveria muito barulho ao meu redor.

O profeta Isaías compartilhou essa percepção sobre o seu pecado. Quando ele contemplou a glória de Deus numa visão, sentiu-se dominado por sua indignidade. Isaías reconheceu que era "um homem de lábios impuros" vivendo com pessoas que compartilhavam o mesmo problema (Isaías 6:5). O que aconteceu na sequência me dá esperança. Um anjo tocou seus lábios com brasa ardente e lhe disse: "Sua culpa foi removida, e seus pecados foram perdoados" (Isaías 6:7).

Em cada momento fazemos escolhas com nossas palavras: escritas e faladas. Elas têm conteúdo "perigoso"? Permitiremos que a glória de Deus nos convença e Sua graça nos cure para que possamos honrá-lo com tudo o que expressamos?

Jennifer Benson Schuldt

Aplicação pessoal

Orar por

Deus nos liberta com graça para aprendermos e seguirmos em frente.

Semana abençoada

Metas da semana

Comprar

Fazer

Ideias

Prepare-se para uma semana de reconciliações
Leitura: 2 Samuel 12:13

Quem é?

> ...Davi confessou a Natã: "Pequei contra o Senhor". Natã respondeu: "Sim, mas o Senhor o perdoou...".
> **2 Samuel 12:13**

Após instalar uma câmera de segurança em sua casa, o homem foi verificar se o sistema de vídeo estava funcionando. Ao ver uma pessoa de ombros largos e vestida de preto andando pelo quintal, ele ficou observando o que o homem faria. Mas o intruso parecia familiar. Finalmente, percebeu que não se tratava de um estranho, mas que havia gravado *a si próprio!*

O que veríamos se pudéssemos sair da nossa pele em certas situações? Quando o coração de Davi estava endurecido, e ele precisou de uma perspectiva externa — uma perspectiva divina — sobre o seu envolvimento com Bate-Seba, Deus enviou Natã para resgatá-lo (2 Samuel 12).

Natã contou a Davi uma história sobre um homem rico que roubara a única ovelha de um homem pobre. Embora o rico possuísse rebanhos, ainda assim matou a única ovelhinha do pobre para fazer uma refeição. Quando Natã revelou que a história ilustrava as ações de Davi, o salmista viu como havia prejudicado Urias. Natã explicou-lhe as consequências, mas garantiu a Davi: "o Senhor o perdoou" (v.13).

Se Deus revela pecados em nossa vida, Seu propósito maior não é nos condenar, mas nos restaurar e nos ajudar a nos reconciliar com Deus por meio do poder do Seu perdão e de Sua graça.

Jennifer Benson Schuldt

Outubro

DOM 25	SEG 26	TER 27
manhã	manhã	manhã
tarde	tarde	tarde
noite	noite	noite

QUA **28**	QUI **29**	SEX **30**	SÁB **01**
manhã	manhã	manhã	manhã
tarde	tarde	tarde	tarde
noite	noite	noite	noite

Semana abençoada

Metas da semana

Comprar

Fazer

Ideias

Prepare-se para uma semana de purificação
LEITURA: Jeremias 2:13, 20-22

Purificado

...o sangue de Jesus, seu Filho, nos purifica de todo pecado.
1 JOÃO 1:7

Eu mal acreditava. Uma caneta esferográfica azul havia *sobrevivido* à máquina de lavar apenas para estourar na secadora. Minhas toalhas brancas ficaram danificadas com manchas azuis. Não havia alvejante capaz de removê-las.

Quando relutantemente coloquei as toalhas na pilha de trapos, lembrei-me do lamento de Jeremias descrevendo os efeitos prejudiciais do pecado. Por rejeitar a Deus e voltar-se à idolatria (JEREMIAS 2:13), o profeta declarou que o povo de Israel causara uma mancha permanente em seu relacionamento com Deus: "Por mais sabão ou soda que use, não consegue se limpar; ainda vejo a mancha de sua culpa. Eu, o Senhor Soberano, falei" (v.22). Os israelitas não poderiam desfazer o dano.

Pela própria força, é impossível remover a mancha do nosso pecado. Mas Jesus fez o que não podemos. Pelo poder de Sua morte e ressurreição, Ele nos "purifica de todo pecado" (v.7).

Mesmo quando for difícil acreditar, apegue-se a esta linda verdade: não há mancha que Jesus não possa remover completamente. Deus está disposto e preparado para limpar os efeitos do pecado na vida de qualquer um que deseje voltar-se para Ele (v.9). Por meio de Cristo, podemos viver cada dia em liberdade e esperança.

Lisa M. Samra

Outubro

DOM **02**	SEG **03**	TER **04**
manhã	manhã	manhã
tarde	tarde	tarde
noite	noite	noite

QUA
05

manhã

tarde

noite

QUI
06

manhã

tarde

noite

SEX
07

manhã

tarde

noite

SÁB
08

manhã

tarde

noite

Semana abençoada

Metas da semana

Comprar

Fazer

Ideias

Prepare-se para uma semana de desprendimento

Leitura: Filipenses 2:1-4

É possível mudar

...Deus está agindo em vocês, dando-lhes o desejo e o poder de realizarem aquilo que é do agrado dele.

Filipenses 2:13

O grupo de jovens da minha igreja se reuniu para estudar Filipenses 2:3,4 — "Não sejam egoístas, nem tentem impressionar ninguém. Sejam humildes e considerem os outros mais importantes que vocês. Não procurem apenas os próprios interesses, mas preocupem-se também com os interesses alheios". Algumas das questões do estudo incluíam: Com que frequência você se interessa pelos outros? Os outros o descreveriam como alguém humilde ou arrogante? Por quê?

Enquanto os ouvia, senti-me encorajada. Os adolescentes concordaram que é fácil reconhecer nossos defeitos, mas é difícil mudar ou querer mudar. Um dos adolescentes lamentou: "O egoísmo está no meu sangue".

O desejo de tirar o foco de si mesmo para servir os outros só é possível por meio do Espírito que habita em nós. Por isso, Paulo levou a igreja de Filipos a refletir sobre o que Deus estava fazendo. Ele os havia adotado, consolado com o Seu amor e presenteado com o Seu Espírito (vv.1,2). Como eles e nós podemos reagir a tal graça com algo menos do que humildade?

Sim, Deus é o motivo para mudarmos, e só Ele pode nos transformar. Podemos focar menos em nós mesmos e humildemente servir os outros porque Ele nos concedeu o desejo e o poder de realizarmos o "que é do agrado dele" (v.13).

Poh Fang Chia

Outubro

	DOM 09	**SEG** 10	**TER** 11
	manhã	manhã	manhã
	tarde	tarde	tarde
	noite	noite	noite

QUA
12
Padroeira do Brasil

QUI
13

SEX
14

SÁB
15

manhã	manhã	manhã	manhã
tarde	tarde	tarde	tarde
noite	noite	noite	noite

Semana abençoada

Metas da semana

Comprar

Fazer

Ideias

Prepare-se para uma semana de encontros
Leitura: Lucas 19:1-10

Oportunidade de recomeçar

> O amor do Senhor não tem fim!
> Suas misericórdias são inesgotáveis.
> **Lamentações 3:22**

Zaqueu era um homem bem-sucedido. Ele sempre teve muito tempo para ganhar dinheiro, mas nunca para ajudar o próximo ou buscar a Deus. O texto bíblico diz que sua riqueza foi construída por recolher mais impostos do que deveria, por isso era odiado pelo povo. Porém, um dia ele considerou a possibilidade de recomeçar sua vida.

Foi atrás de Jesus, mas não conseguia vê-lo porque era de baixa estatura, e a multidão que cercava o Mestre impedia sua visão. Da mesma forma, muitos não conseguem ver o Cristo por causa dos falsos discípulos, das filosofias, das religiões e igrejas que não refletem Aquele que morreu na cruz por amor.

No entanto, apesar desse empecilho, Zaqueu estava decidido a ver Jesus. Foi mais rápido do que a multidão e subiu numa figueira-brava, ainda que isso parecesse ridículo aos que o viam. Sua oportunidade para um recomeço surgiu quando encontrou o olhar de Jesus. O Mestre o viu. Zaqueu queria ver o Mestre do alto da árvore, mas isso era pouco para Jesus. Ele queria estar com aquele homem.

Muitos estão assistindo a Jesus passar do alto da árvore que escolheram, como se fosse a solução que encontraram para seus problemas deixando de desfrutar do relacionamento com Deus que lhes diz: "Desça depressa, quero ficar com você!". Se você o atender, Jesus transformará a sua vida.

Lisa M. Samra

Outubro

DOM **16**	SEG **17**	TER **18**
manhã	manhã	manhã
tarde	tarde	tarde
noite	noite	noite

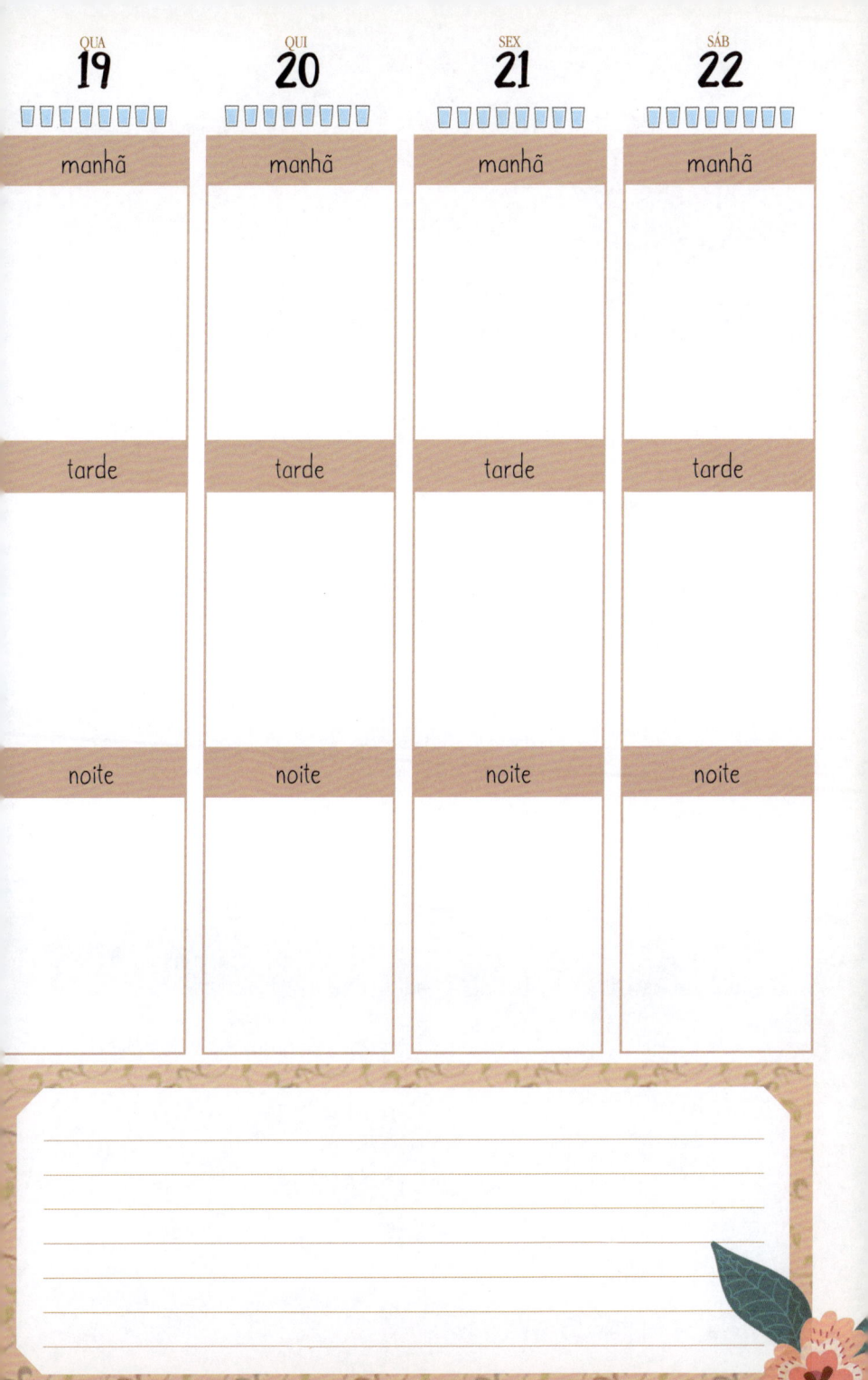

QUA **19**	QUI **20**	SEX **21**	SÁB **22**
manhã	manhã	manhã	manhã
tarde	tarde	tarde	tarde
noite	noite	noite	noite

Semana abençoada

Metas da semana

Comprar

Fazer

Ideias

Prepare-se para uma semana de compartilhamento
Leitura: Atos 8:26-35

Boas novas para contar

Filipe, começando com essa mesma passagem das Escrituras, anunciou-lhes as boas novas a respeito de Jesus.
Atos 8:35

"Qual é o seu nome?", perguntou Arman, um aluno iraniano. Após lhe dizer que me chamava Estera, o rosto dele se iluminou: "Temos um nome parecido em farsi: Setare!". Essa pequena conexão abriu portas para uma conversa incrível. Contei-lhe que o meu nome era o mesmo da personagem bíblica, "Ester", uma rainha judia na Pérsia (atual Irã). Começando por sua história, falei sobre as boas-novas de Jesus. Como resultado dessa conversa, ele começou a frequentar um grupo de estudo bíblico para aprender mais sobre Cristo.

Filipe, seguidor de Jesus, guiado pelo Espírito Santo fez uma pergunta que deflagrou uma conversa com um oficial etíope que viajava em sua carruagem: "O senhor compreende o que lê?" (v.30). O etíope lia uma passagem do livro de Isaías em busca de discernimento espiritual. Filipe lhe perguntou no momento exato. O etíope convidou Filipe para sentar-se perto dele e o ouviu humildemente. Percebendo a oportunidade, o discípulo "começando com essa mesma passagem das Escrituras, anunciou-lhes as boas-novas a respeito de Jesus" (v.35).

Como ele, também temos boas-novas para contar. Aproveitemos as ocasiões diárias no trabalho, no supermercado, no bairro... Que sejamos guiados pelo Espírito Santo e recebamos as palavras para compartilhar nossa esperança e alegria em Jesus.

Estera Pirosca Escobar

Outubro

DOM 23	SEG 24	TER 25
manhã	manhã	manhã
tarde	tarde	tarde
noite	noite	noite

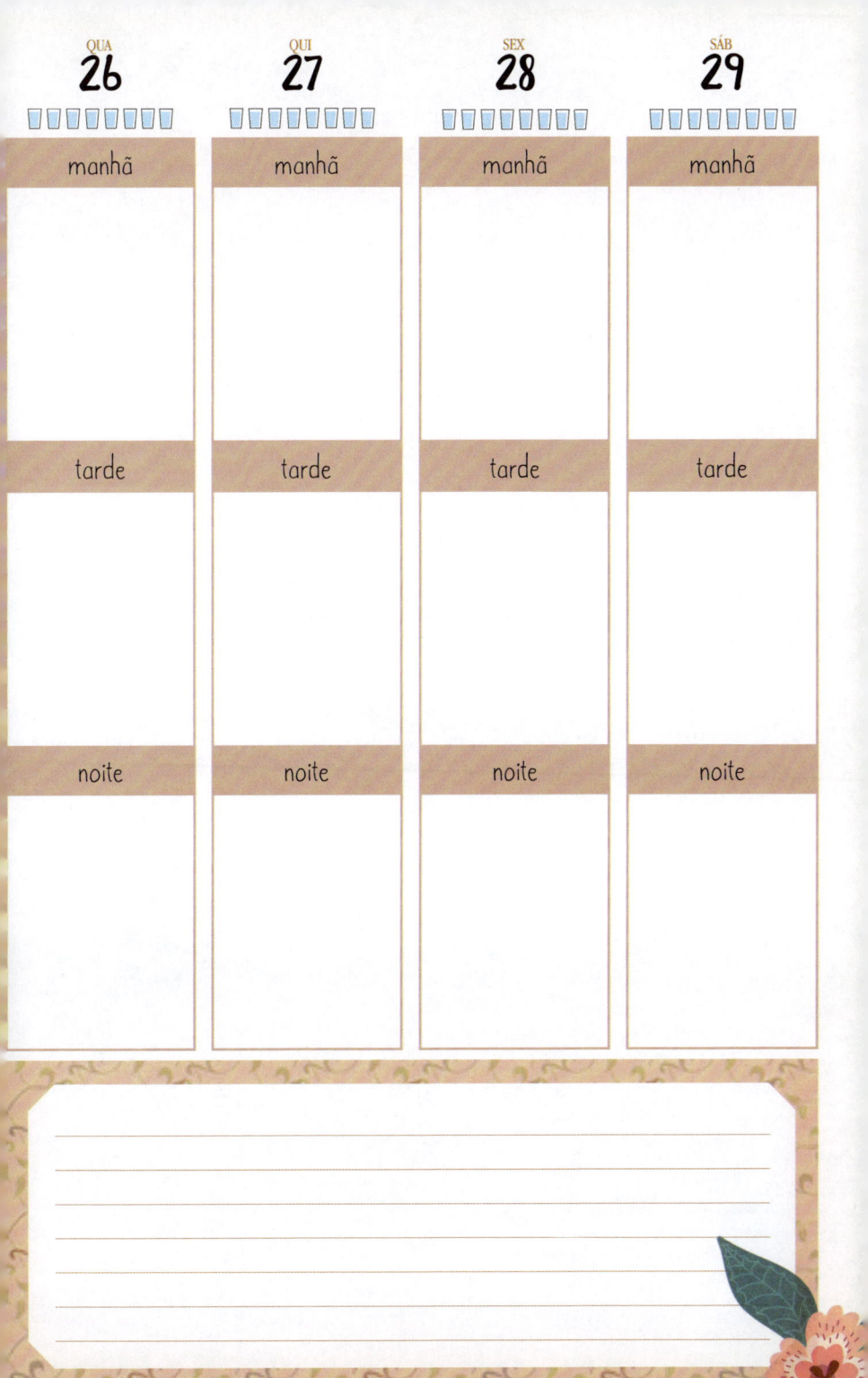

QUA **26**	QUI **27**	SEX **28**	SÁB **29**
manhã	manhã	manhã	manhã
tarde	tarde	tarde	tarde
noite	noite	noite	noite

Semana abençoada

Metas da semana

Comprar

Fazer

Ideias

Prepare-se para uma semana de experiências
Leitura: Salmo 23

Pelo vale

> Mesmo quando eu andar pelo escuro vale da morte,
> não terei medo, pois tu estás ao meu lado...
> **Salmo 23:4**

Hae Woo (nome fictício) esteve num campo de trabalhos forçados na Coreia do Norte por cruzar a fronteira para outro país. Seus dias e noites eram uma tortura: vigilância brutal, trabalho extenuante, poucas horas de sono no chão gelado e repleto de ratos e piolhos. Mas Deus a ajudou diariamente, inclusive, mostrando-lhe com quais prisioneiras poderia fazer amizades e compartilhar sua fé.

Liberta e morando na Coreia do Sul, Woo refletiu sobre esse tempo na prisão e afirmou que o Salmo 23 resumia a sua experiência. Embora aprisionada num vale sombrio, Jesus era seu Pastor e lhe concedia paz: "Ainda que eu me sentisse literalmente num vale cheio de sombras de morte, eu não sentia medo. Deus me consolava todos os dias". Ela experimentou a bondade e o amor de Deus à medida que o Senhor lhe garantia que ela era Sua filha amada. "Eu estava num lugar terrível, mas sabia que ali experimentaria a bondade e o amor de Deus." Woo sabia que permaneceria na presença de Deus para sempre.

Podemos ser encorajados pela história de Woo. Apesar das circunstâncias terríveis, ela sentiu o amor e a direção de Deus; Ele a sustentou e dissipou o medo que ela sentia. Se seguirmos Jesus, Ele nos guiará gentilmente pelos momentos difíceis. Não precisamos temer, pois viveremos "na casa do Senhor para sempre" (v.6).

Amy Boucher Pye

Outubro

DOM 30	SEG 31	TER 01
manhã	manhã	manhã
tarde	tarde	tarde
noite	noite	noite

QUA
02
Finados

manhã

tarde

noite

QUI
03

manhã

tarde

noite

SEX
04

manhã

tarde

noite

SÁB
05

manhã

tarde

noite

Planejamento novembro

DOM	SEG	TER
		01
06	07	08
13	14	15 Proclamação da República
20	21	22
27	28	29

Planejamento novembro

QUA	QUI	SEX	SÁB
02 Finados	03	04	05
09	10	11	12
16	17	18	19
23	24	25	26
30			

Objetivos para novembro

Com Deus no controle, nada temos a temer.

Sempre com você

A estrada que serpenteia pela margem sul do Lago Michigan é muitas vezes traiçoeira no inverno. Certo fim de semana em que dirigíamos voltando de Chicago para Grand Rapids, nos EUA, um acúmulo de neve e gelo fez o tráfego ir devagar, causou inúmeros acidentes, e quase dobrou o tempo que teríamos que dirigir. Ficamos aliviados quando saímos da rodovia expressa para o trecho final da estrada. Foi então que meu marido disse alto: "Obrigado, Senhor. Acho que posso dirigir daqui em diante".

Ao finalizar suas palavras, nosso carro fez um giro de 180 graus. Quando paramos, com os corações batendo forte, dava só para imaginar Deus dizendo: "Tem certeza?".

Por que, às vezes, tentamos seguir sozinhos pela vida quando temos livre acesso a Deus, em todo tempo? Ele disse: "…eu estou contigo, e te guardarei por onde quer que fores…" (Gênesis 28:15). E Ele nos assegura: "…de maneira alguma te deixarei, nunca jamais te abandonarei" (Hebreus 13:5).

O matemático, teólogo e pregador escocês Thomas Chalmers (1780–1847) escreveu: "Quando ando à beira do caminho, Ele vai comigo. Quando me envolvo com pessoas, e esqueço-me dele, Ele nunca se esquece de mim… Aonde quer que eu vá, Ele toma conta de mim, me protege e cuida".

Que conforto saber que Deus está sempre conosco — não precisamos passar pela vida sozinhos!

Cindy Hess Kasper

Aplicação pessoal

Orar por

A presença de Deus traz grande conforto.

Semana abençoada

Metas da semana

Comprar

Fazer

Ideias

Prepare-se para uma semana de antifragilidade
LEITURA: Provérbios 14:29-35

A paz encheu os corações

> O contentamento dá saúde ao corpo;
> a inveja é como câncer nos ossos.
> **PROVÉRBIOS 14:30**

Durante 45 anos após encerrar a carreira como atleta profissional, o nome de Jerry Kramer não entrou para o hall da fama dos esportes (o mais alto reconhecimento). Embora tivesse sido indicado dez vezes, jamais recebeu essa honra. Mas Kramer era amável ao dizer: "É como se a Liga de Futebol Americano tivesse me dado cem presentes ao longo da minha vida, e aborrecer-me ou ficar zangado por não ter recebido um deles seria no mínimo um absurdo!".

Outros teriam se amargurado após receber tantas indicações negadas em favor de outros jogadores, mas não ele. A atitude de Kramer mostra como podemos guardar o nosso coração da natureza corrosiva da inveja, um "câncer nos ossos" (v.30). Quando nos preocupamos com o que não temos e falhamos em reconhecer o muito que temos, a paz de Deus nos escapa.

Finalmente, após a 11.ª indicação, o nome de Jerry Kramer entrou no Hall da Fama em fevereiro de 2018. Nossos desejos terrenos podem não ser realizados, mas podemos ter "contentamento" ao ver as muitas formas pelas quais Deus tem sido generoso conosco. Não importa o que queremos e não temos, sempre podemos usufruir o "contentamento" que Ele traz para a nossa vida.

Kirsten H. Holmberg

Novembro

DOM 30
- manhã
- tarde
- noite

SEG 31
- manhã
- tarde
- noite

TER 01
- manhã
- tarde
- noite

QUA
02
Finados

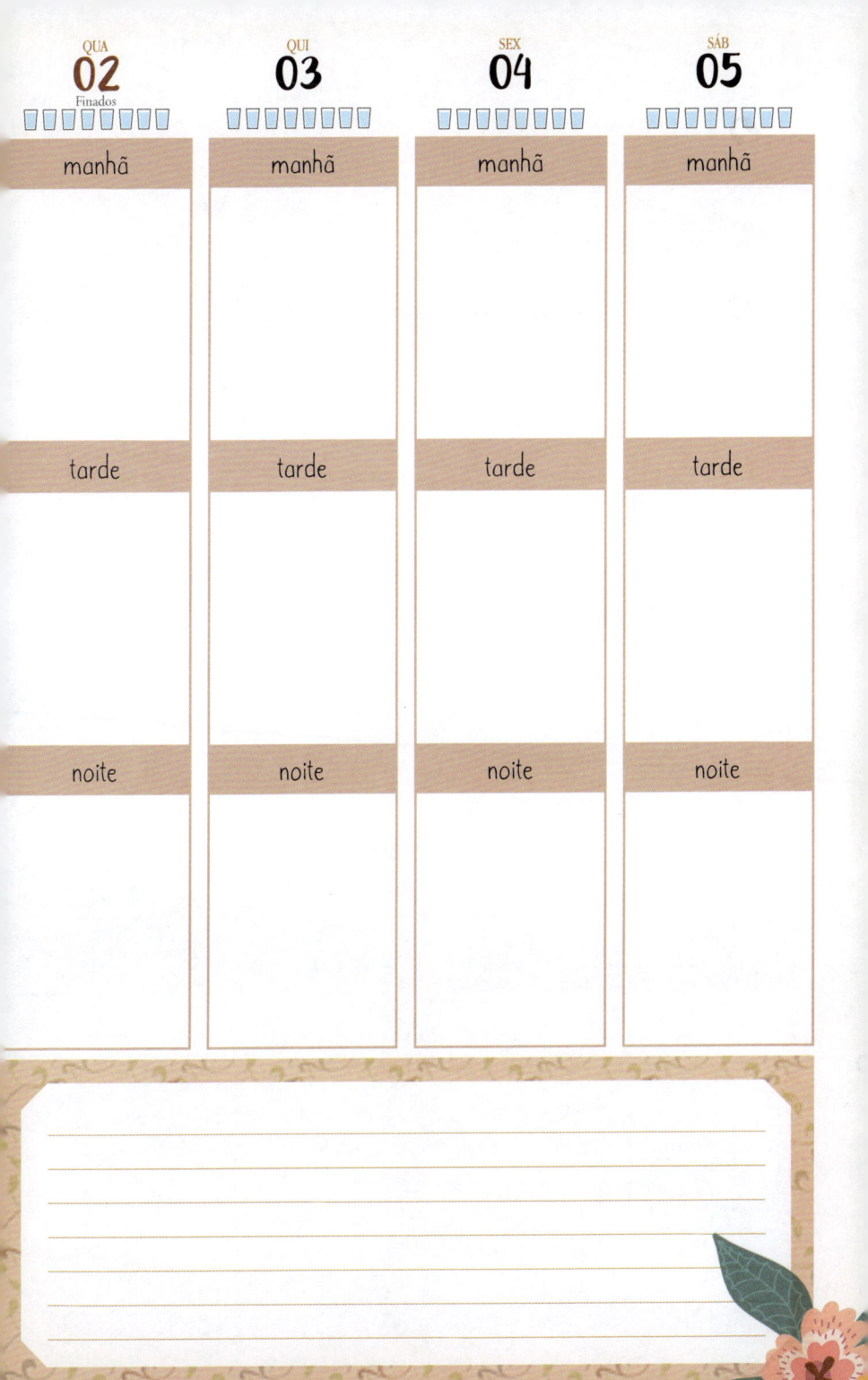

☐☐☐☐☐☐☐

manhã

tarde

noite

QUI
03

☐☐☐☐☐☐☐

manhã

tarde

noite

SEX
04

☐☐☐☐☐☐☐

manhã

tarde

noite

SÁB
05

☐☐☐☐☐☐☐

manhã

tarde

noite

Semana abençoada

Metas da semana

Comprar

Fazer

Ideias

Prepare-se para uma semana de criatividade

LEITURA: Gênesis 1:1-21

Celebrando a criatividade

...Deus disse: "Encham-se as águas de seres vivos...".
GÊNESIS 1:1-20

Uma água-viva raramente vista valsava com as correntes a 120 metros de profundidade no oceano. O corpo da criatura brilhava com tons fluorescentes de azul, púrpura e rosa contra o pano de fundo da água negra. Tentáculos elegantes ondulavam graciosamente com o pulsar do corpo em formato de sino. Ao ver a filmagem incrível da medusa *Halitrephes maasi* no *National Geographic*, pensei sobre como Deus escolheu um design específico para essa criatura bela e gelatinosa. Ele também moldou os outros 2.000 tipos de águas-vivas que os cientistas identificaram até outubro de 2017.

Embora reconheçamos Deus como Criador, será que paramos para considerar as verdades profundas reveladas no primeiro capítulo da Bíblia? Nosso maravilhoso Deus criou a luz e a vida no mundo diversificado que Ele moldou com o poder de Sua palavra. Ele projetou "os grandes animais marinhos e todos os seres vivos que se movem em grande número pelas águas" (v.21). Os cientistas descobriram apenas uma fração das maravilhosas criaturas que o Senhor criou.

Deus também esculpiu intencionalmente cada pessoa do mundo, designando Seu propósito a cada dia da nossa vida antes mesmo de nascermos (SALMO 139:13-16). Ao celebrarmos a criatividade do Senhor, também podemos alegrar-nos nas muitas formas como Ele nos ajuda a imaginar e criar com Ele e para a Sua glória.

Xochitl E. Dixon

Novembro

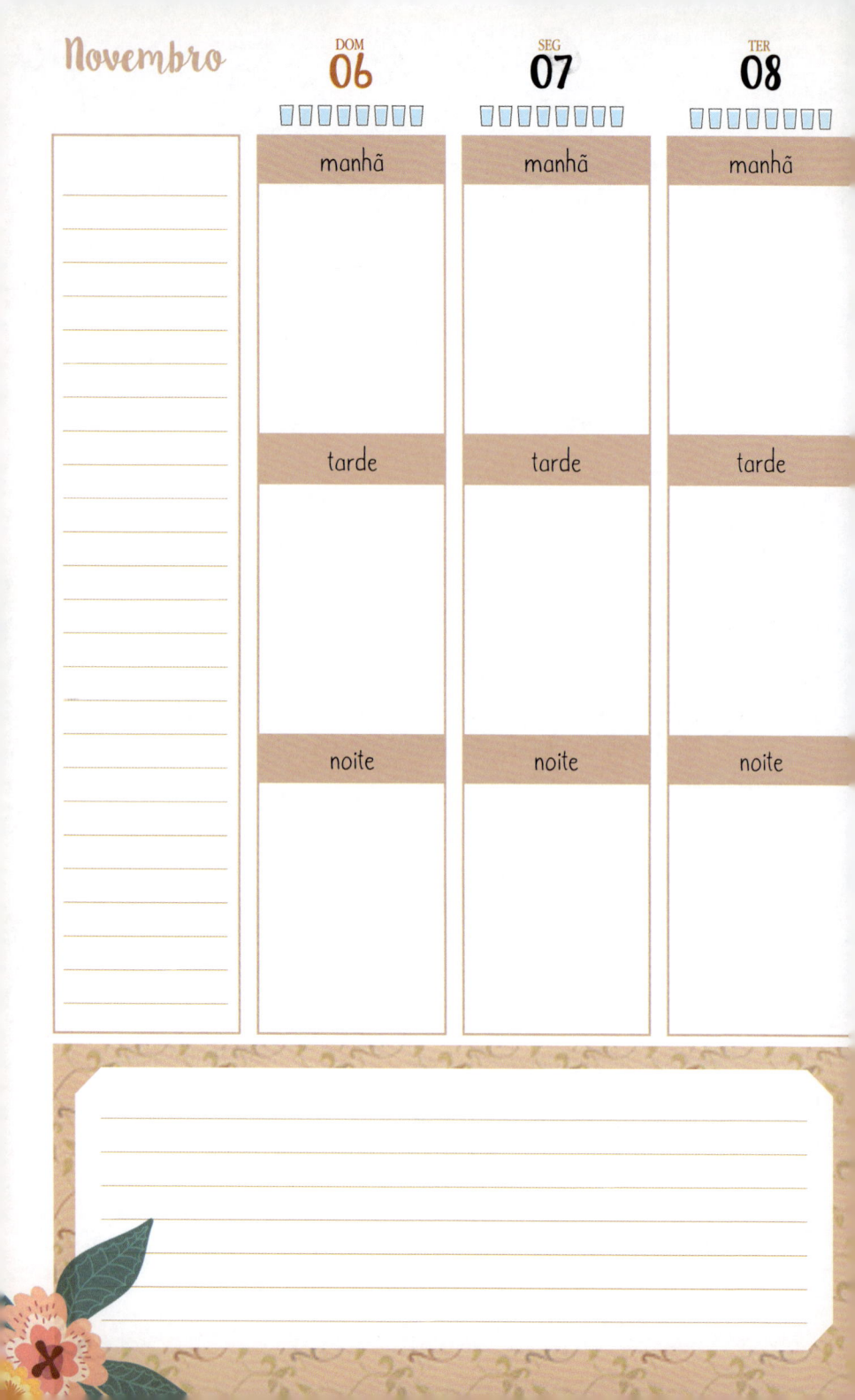

DOM 06

manhã

tarde

noite

SEG 07

manhã

tarde

noite

TER 08

manhã

tarde

noite

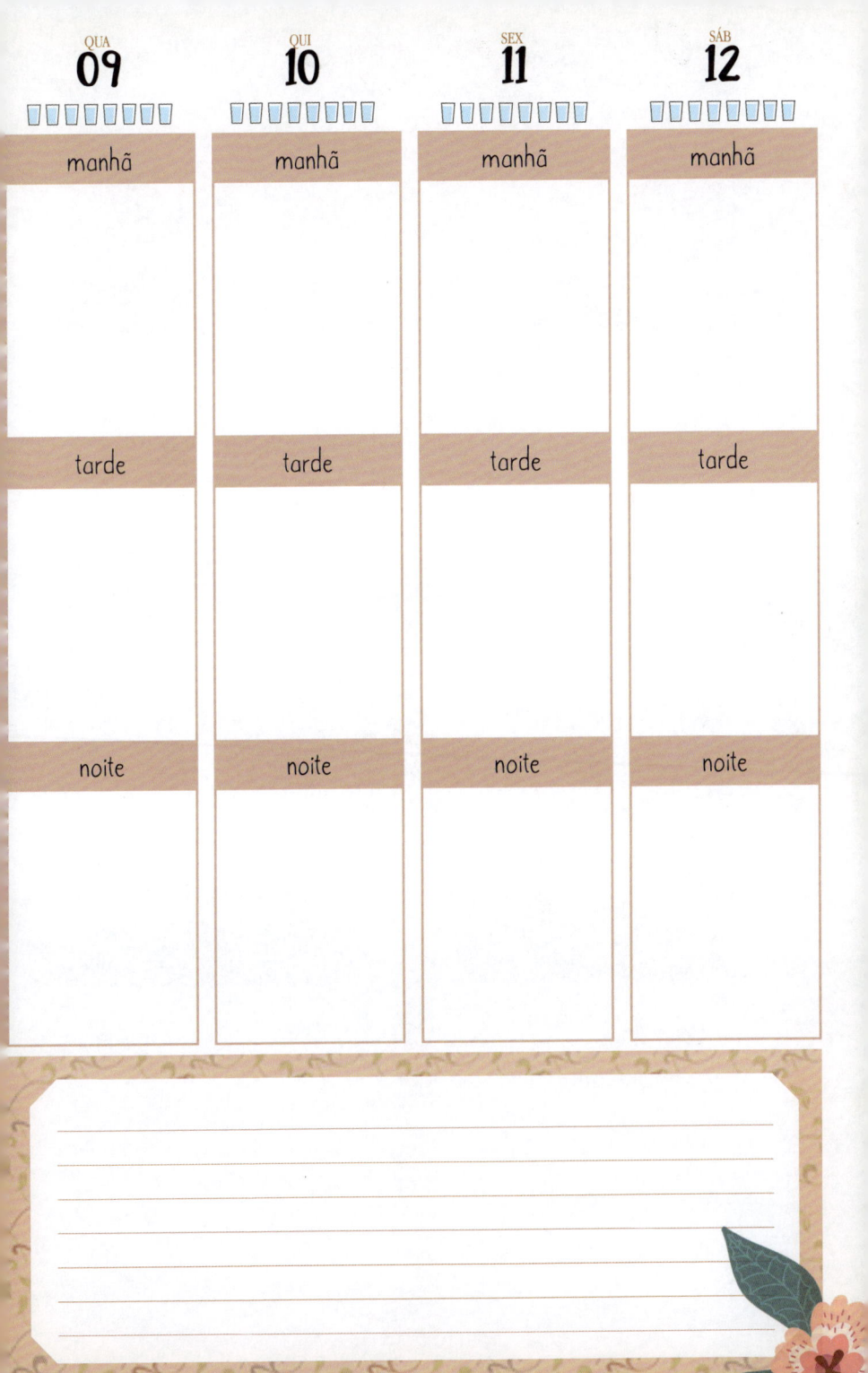

QUA **09**	QUI **10**	SEX **11**	SÁB **12**
manhã	manhã	manhã	manhã
tarde	tarde	tarde	tarde
noite	noite	noite	noite

Semana abençoada

Metas da semana

Comprar

Fazer

Ideias

Prepare-se para uma semana de florescimento
LEITURA: Salmo 103:13-22

Desabrochando como uma flor

Nossos dias na terra são como o capim; como as flores do campo, desabrochamos.
SALMO 103:15

Meu neto mais novo tem poucos meses de vida, mas quando o vejo, sempre noto pequenas mudanças. Recentemente, ao acalentá-lo, ele me olhou e sorriu! Chorei de alegria com a lembrança dos primeiros sorrisos dos meus filhos, o que aconteceu há tanto tempo, mas parece que foi ontem. Alguns momentos são assim: inexplicáveis.

No Salmo 103, Davi escreveu um cântico poético que louva a Deus e também reflete sobre a fugacidade dos momentos alegres de nossa vida: "Nossos dias na terra são como o capim; como as flores do campo, desabrochamos. O vento sopra, porém, e desaparecemos…" (vv.15,16). Contudo, apesar de reconhecer a brevidade da vida, Davi descreve o processo da flor desabrochando. Embora cada flor desabroche rapidamente, sua fragrância, cor e beleza trazem grande alegria no momento. E, mesmo que cada flor individual possa ser esquecida rapidamente — "como se nunca [tivessem] existido" (v.16) —, temos, por outro lado, a garantia de que "o amor do Senhor por aqueles que o temem dura de eternidade a eternidade" (v.17).

Como as flores, podemos nos alegrar e florescer de repente; mas também podemos celebrar a verdade de que os momentos da nossa vida jamais são esquecidos. Deus guarda cada detalhe sobre os nossos dias, e o Seu amor eterno permanece com os Seus filhos para sempre!

Alyson Kieda

Novembro

DOM 13
manhã

tarde

noite

SEG 14
manhã

tarde

noite

TER 15
Proclamação da República

manhã

tarde

noite

QUA
16

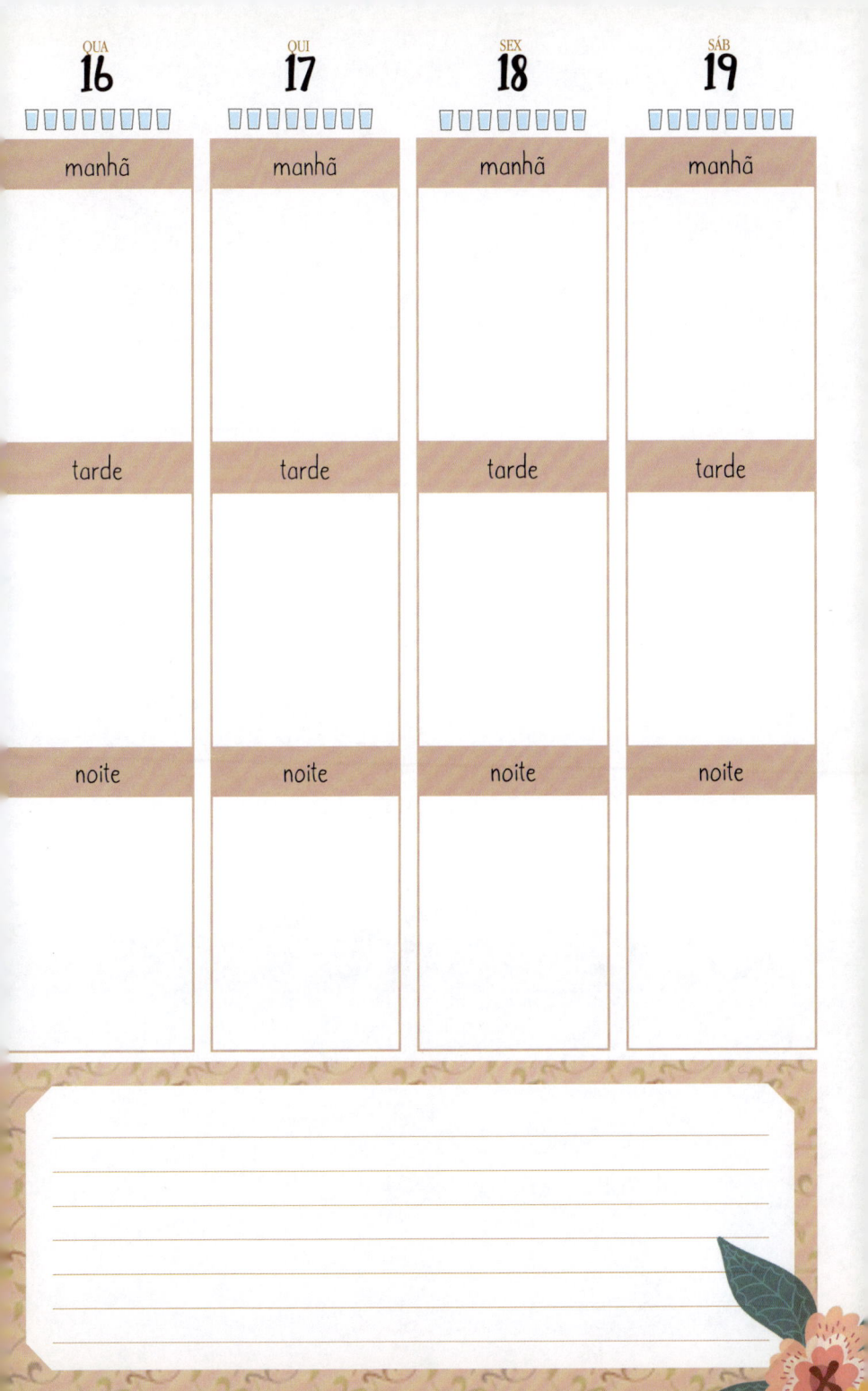

manhã

tarde

noite

QUI
17

manhã

tarde

noite

SEX
18

manhã

tarde

noite

SÁB
19

manhã

tarde

noite

Semana abençoada

Metas da semana

Comprar

Fazer

Ideias

Prepare-se para uma semana de amor

Leitura: João 13:31-35

Amor inexplicável

Assim como eu vos amei, vocês devem amar uns aos outros.
João 13:34

Nossa congregação fez uma surpresa para o meu filho no seu aniversário de 6 aninhos. Os membros da igreja decoraram o espaço com balões e a mesa com o bolo. Quando o meu filho abriu a porta, todos gritaram: "Parabéns!".

Enquanto eu cortava o bolo, meu filho sussurrou no meu ouvido: "Mãe, por que todo mundo aqui me ama?". Eu tinha a mesma pergunta! Eles nos conheciam apenas há seis meses e nos tratavam como amigos de longa data.

O amor demonstrado pelo meu filho refletia o amor de Deus por nós. Não entendemos por que o Senhor nos ama, mas Ele nos ama — e o Seu amor é uma dádiva. Nada fizemos para merecê-lo, mas Deus nos ama generosamente. As Escrituras afirmam: "Deus é amor" (1 João 4:8). O amor é a essência de Deus.

Deus derramou o Seu amor sobre nós a fim de que pudéssemos demonstrar o mesmo amor aos outros. Jesus disse aos Seus discípulos: "Assim como eu vos amei, vocês devem amar uns aos outros. Seu amor uns pelos outros provará ao mundo que são meus discípulos" (vv.34,35).

As pessoas da nossa igreja nos amam porque o amor de Deus está nelas, brilha por meio delas e as identifica como seguidores de Jesus. Não compreendemos totalmente o amor de Deus, mas podemos derramá-lo sobre os outros — sendo exemplos de Seu amor inexplicável.

Keila Ochoa

Novembro

DOM 20
manhã
tarde
noite

SEG 21
manhã
tarde
noite

TER 22
manhã
tarde
noite

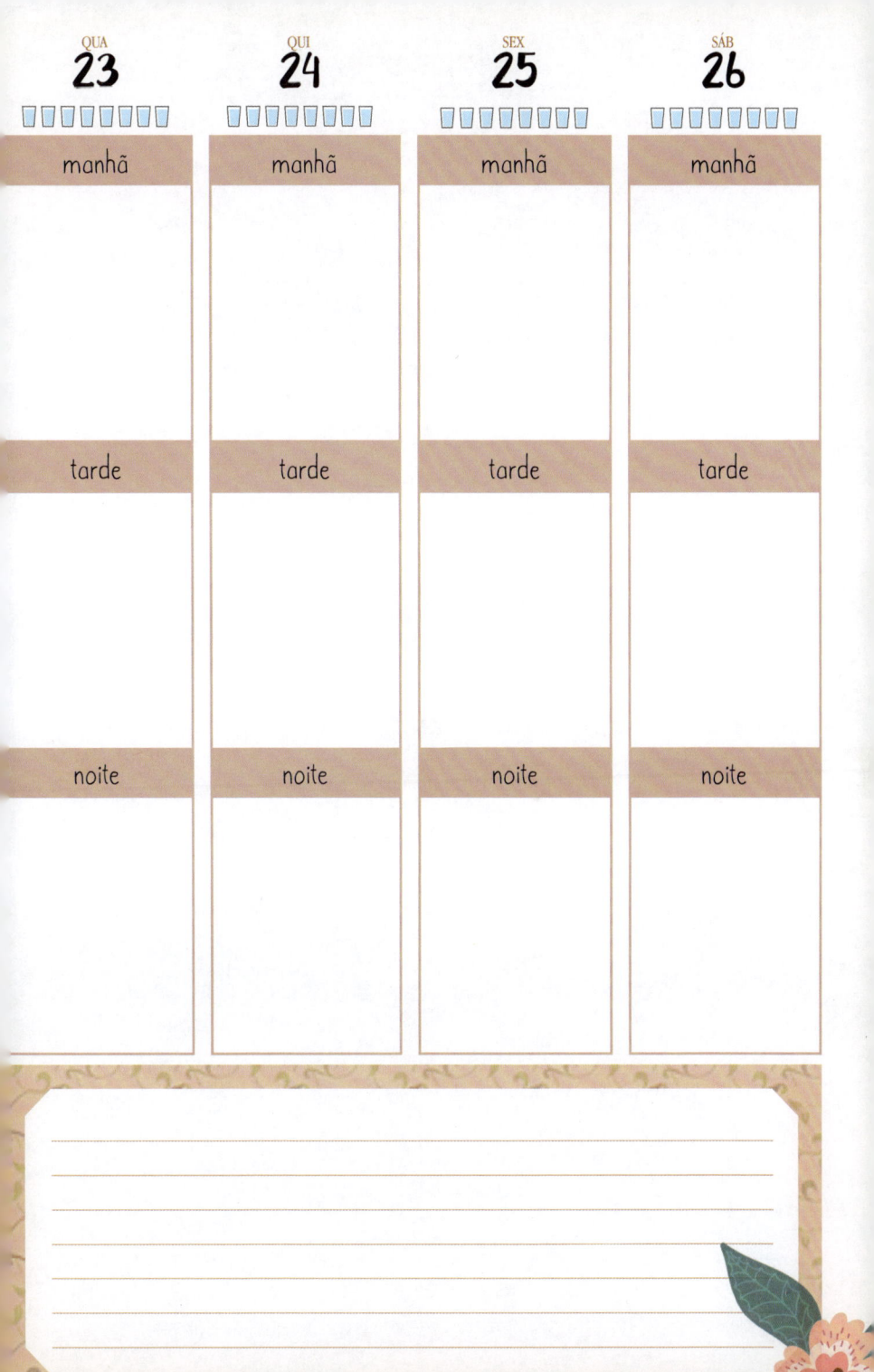

QUA **23**	QUI **24**	SEX **25**	SÁB **26**
manhã	manhã	manhã	manhã
tarde	tarde	tarde	tarde
noite	noite	noite	noite

Semana abençoada

Metas da semana

Comprar

Fazer

Ideias

Prepare-se para uma semana de vigilância

LEITURA: 1 Pedro 5:6-11

Cuidado!

> Estejam atentos! Tomem cuidado com [...] o diabo, que anda como um leão rugindo à sua volta, à procura de alguém para devorar.
>
> 1 PEDRO 5:8

Cresci em cidades quentes do sul da América do Norte e ao nos mudamos para o Norte, levou tempo para eu aprender a dirigir durante os longos meses de neve. Meu primeiro inverno foi difícil, acabei encalhada num monte de neve três vezes! Mas, com anos de prática, senti-me mais confortável dirigindo em condições invernais. Na realidade, senti-me um pouco confortável demais. Deixei de vigiar. E foi então que atingi um bloco de gelo escuro e deslizei até um poste telefônico ao lado da estrada!

Felizmente, ninguém se machucou, mas aprendi algo importante naquele dia. Percebi o quanto poderia ser perigoso sentir-me confortável. Em vez de tomar cuidado, entrei no modo "piloto automático".

Precisamos praticar esse mesmo tipo de vigilância em nossa vida espiritual. Pedro alerta os cristãos a não deslizarem impensadamente pela vida, mas que "estejam atentos" (v.8). O diabo tenta ativamente nos destruir, e por isso precisamos estar alertas, resistir à tentação e permanecermos firmes na fé (v.9). Não é algo que temos de fazer sozinhos. Deus promete estar conosco em meio ao sofrimento e, por fim, sustentar-nos, fortalecer-nos, e colocar-nos "sobre um firme alicerce" (v.10). Pelo Seu poder, aprendemos a permanecer vigilantes e alertas para resistir ao mal e seguir a Deus.

Amy L. Peterson

Novembro

DOM **27**	SEG **28**	TER **29**
manhã	manhã	manhã
tarde	tarde	tarde
noite	noite	noite

QUA 30	QUI 01	SEX 02	SÁB 03
manhã	manhã	manhã	manhã
tarde	tarde	tarde	tarde
noite	noite	noite	noite

Planejamento dezembro

DOM	SEG	TER
04	05	06
11	12	13
18	19	20
Natal 25	26	27

Planejamento dezembro

QUA	QUI	SEX	SÁB
	01	02	03
07	08	09	10
14	15	16	17
21	22	23	24
28	29	30	31

Objetivos para dezembro

O melhor presente
foi encontrado
numa manjedoura.

O presente perfeito

Todos os anos, o Jardim Botânico de nossa cidade sedia uma celebração do Natal homenageando os países ao redor do mundo. Minha exibição favorita é o presépio francês. Não mostra os pastores e magos ofertando presentes de ouro, incenso e mirra em torno da manjedoura, mas aldeões franceses levando os seus presentes ao bebê Jesus. Eles levam pão, vinho, queijo, flores e outros itens que Deus lhes deu a capacidade de produzir. Faz-me lembrar do mandamento do Antigo Testamento de levarmos as primícias do nosso trabalho à Casa do Senhor (Êxodo 23:16-19). Esta representação do presépio ilustra que tudo o que temos vem de Deus, então só precisamos dar-lhe algo daquilo que Ele próprio nos concedeu.

Quando Paulo instruiu os romanos a apresentarem-se a si mesmos como sacrifício vivo, na verdade, estava lhes dizendo para devolverem ao Senhor o que Deus lhes havia dado — a própria vida (Romanos 12:1). Isto inclui os dons que Ele lhes dera, até mesmo a capacidade deles de ganharem o seu sustento. Sabemos que o Senhor concede capacidades especiais às pessoas. Alguns, como Davi, eram hábeis na música (1 Samuel 16:18). Outros, como Bezalel e Aoliabe, eram habilidosos em obras artísticas (Êxodo 35:30-35). E outros ainda são habilidosos em escrever, ensinar, praticar a jardinagem e muitas outras coisas.

Quando devolvemos a Deus o que Ele, primeiramente, nos deu, lhe entregamos o presente perfeito — nós mesmos.

Julie Ackerman Link

Aplicação pessoal

Orar por

Entregue-se completamente a Cristo, que se entregou a si mesmo por você.

Semana abençoada

Metas da semana

Comprar

Fazer

Ideias

Prepare-se para uma semana de provisão

Leitura: 2 Crônicas 16:7-9

O que Deus vê

Os olhos do Senhor passam por toda a terra para mostrar sua força àqueles cujo coração é [...] dedicado a ele.

2 Crônicas 16:9

No início da manhã, passei pela janela da sala com vista para uma área verde nos fundos de casa. Muitas vezes, noto um falcão ou uma coruja observando a região. Certa manhã, surpreendi-me ao ver uma águia-careca num galho alto vigiando o terreno como se tudo lhe pertencesse. Provavelmente, estava procurando o "café da manhã". Seu olhar abrangente parecia majestoso.

Em 2 Crônicas 16, o vidente Hanani (profeta de Deus) informou ao rei que suas ações estavam sob o olhar real. Ele disse a Asa, rei de Judá: "você confiou no rei da Síria, em vez de confiar no Senhor, seu Deus" (v.7). E explicou: "Os olhos do Senhor passam por toda a terra para mostrar sua força àqueles cujo coração é inteiramente dedicado a ele" (v.9). Por causa da dependência equivocada de Asa, ele sempre estaria em guerra.

Lendo essas palavras, podemos ter a falsa sensação de que Deus observa nossos movimentos para lançar-se sobre nós como uma ave de rapina. Mas as palavras de Hanani enfatizam o positivo. A questão é que Deus continuamente nos vigia e espera que clamemos por Ele quando necessitamos.

Como a águia-careca do meu quintal, será que os olhos de Deus vagam pelo mundo — até mesmo agora — buscando fidelidade em você e em mim? Como Ele poderia prover a esperança e a ajuda que precisamos?

Elisa Morgan

Dezembro

	DOM 27	SEG 28	TER 29
	manhã	manhã	manhã
	tarde	tarde	tarde
	noite	noite	noite

QUA 30
manhã

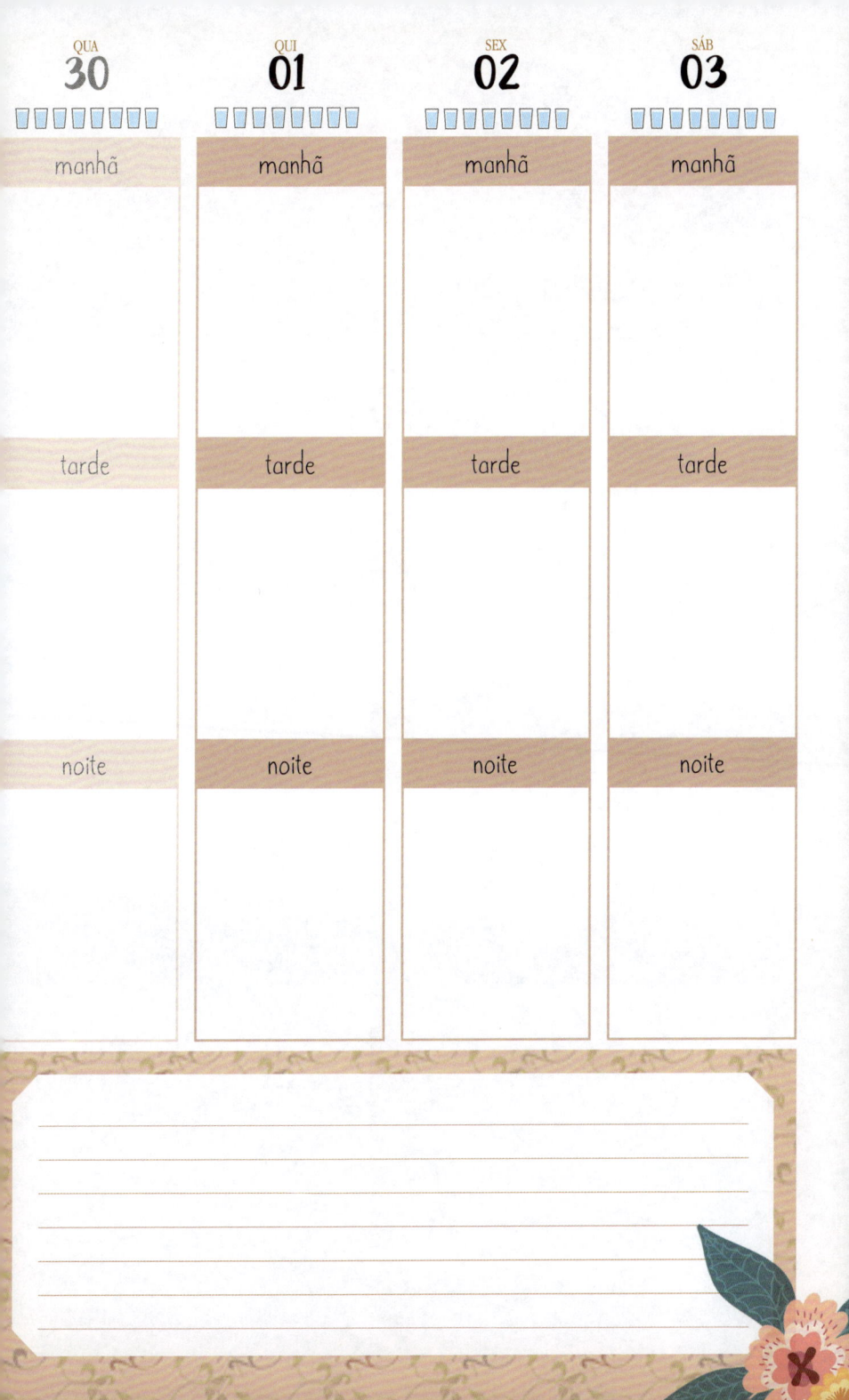

tarde

noite

QUI 01
manhã

tarde

noite

SEX 02
manhã

tarde

noite

SÁB 03
manhã

tarde

noite

Semana abençoada

Metas da semana

Comprar

Fazer

Ideias

Prepare-se para uma semana de beleza
Leitura: Eclesiastes 3:9-13

Usufruindo a beleza

Deus fez tudo apropriado para seu devido tempo.
Eclesiastes 3:11

Exibida num longo corredor do hospital, as cores suaves e os desenhos de índios nativos eram tão cativantes que parei para contemplá-los. Meu marido andava à frente, mas, após passar por outras pinturas, eu parei para fixar o olhar numa só. "Linda", sussurrei.

Muitas coisas na vida são de fato lindas. Belos quadros. Vistas panorâmicas. Obras de arte. Mas o mesmo acontece com o sorriso de uma criança, o cumprimento de um amigo, o ovo azul de um pintarroxo, a textura das conchas. Para aliviar os fardos que a vida pode impor, "Deus fez tudo apropriado para seu devido tempo" (v.11). Em tal beleza, explicam os estudiosos da Bíblia, temos um vislumbre da perfeição da criação divina — incluindo a glória do Seu futuro reinado perfeito.

Como só podemos imaginar tal perfeição, Deus nos concede um gostinho na beleza da vida. Desta maneira, Deus "colocou um senso de eternidade no coração humano" (v.11). Alguns dias, a vida parece cinza e fútil, porém, Deus, misericordiosamente, provê momentos de beleza.

O artista Gerard Curtis Delano compreendeu isso e disse: "Deus me deu o talento para criar beleza e é isso que Ele quer que eu faça".

Como reagir ao vermos tanta beleza? Podemos ser gratos a Deus pela eternidade enquanto nos alegramos com a glória que já contemplamos.

Patricia Raybon

Dezembro

DOM 04
manhã

tarde

noite

SEG 05
manhã

tarde

noite

TER 06
manhã

tarde

noite

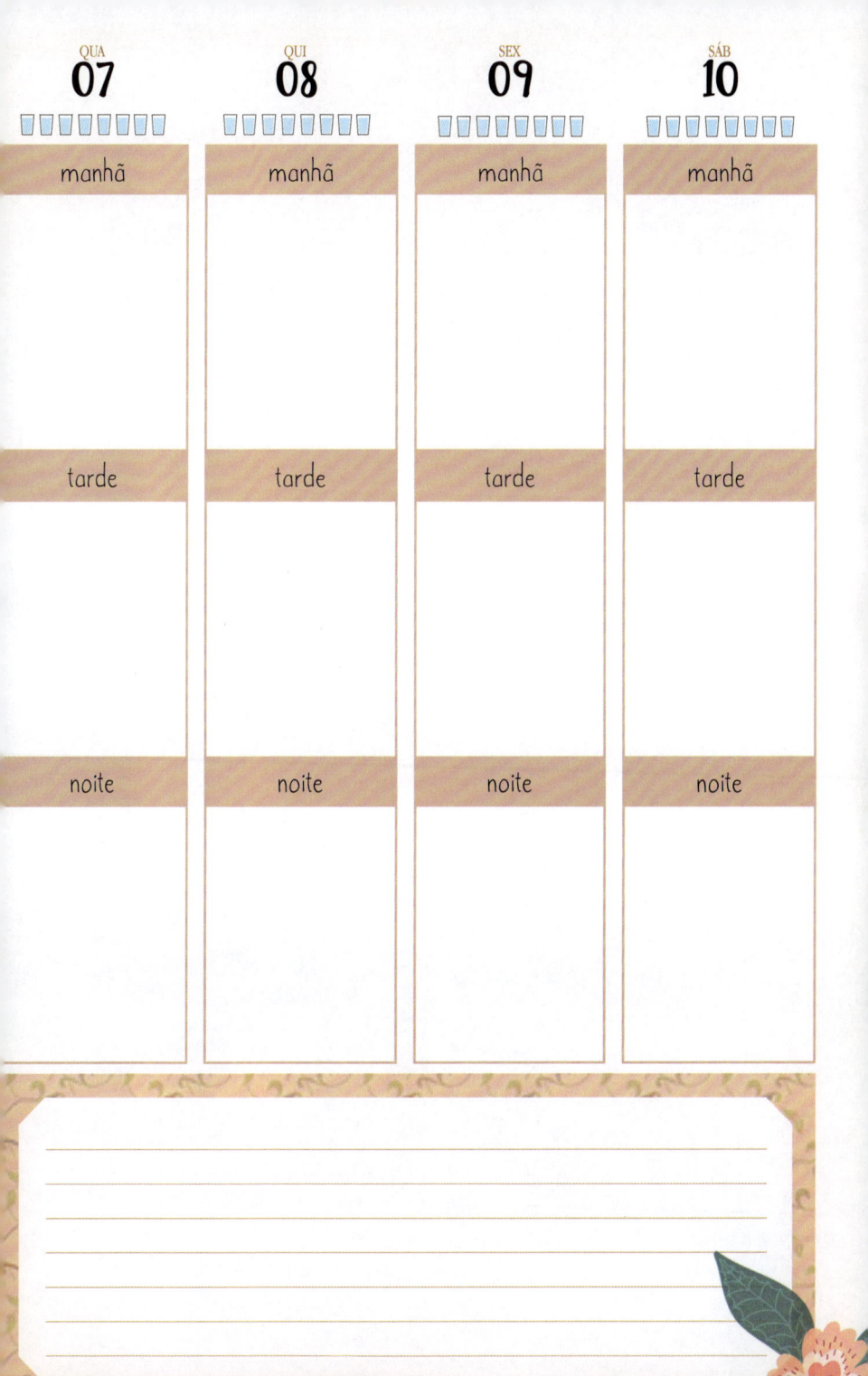

QUA **07**	QUI **08**	SEX **09**	SÁB **10**
manhã	manhã	manhã	manhã
tarde	tarde	tarde	tarde
noite	noite	noite	noite

Semana abençoada

Metas da semana

Comprar

Fazer

Ideias

Prepare-se para uma semana de graça

Leitura: Lucas 22:54-62

Sobre santos e pecadores

..."Simão, [...] você me ama?". [...] "O Senhor sabe todas as coisas. Sabe que eu o amo".

João 21:17

Antes de morar no deserto seguindo o exemplo de João Batista, Maria do Egito (344–421 d.C.) passou a juventude em busca de prazeres ilícitos. No auge de sua sórdida carreira, ela viajou a Jerusalém para corromper os peregrinos. Porém, ela teve a profunda convicção dos próprios pecados e, desde então, viveu em arrependimento e solidão no deserto. A transformação radical de Maria do Egito ilustra a magnitude da graça de Deus e o poder restaurador da cruz.

Pedro negou Jesus três vezes, mas, poucas horas antes de negá-lo, ele havia declarado sua disposição de morrer por Jesus (Lucas 22:33). Assim, seu fracasso foi um golpe pesado (vv.61-62). Após a morte e ressurreição de Jesus, Pedro estava pescando com alguns dos discípulos quando o Senhor lhe apareceu. Jesus lhe deu a chance de declarar seu amor por Ele três vezes — uma chance para cada uma das negações (vv.1-3). Depois, em cada declaração, Jesus o encarregou de cuidar do Seu povo (vv.15-17). O resultado dessa demonstração maravilhosa da graça foi que Pedro desempenhou um papel fundamental na edificação da Igreja e, por fim, deu a sua vida por Cristo.

A biografia de qualquer um de nós poderia começar com uma litania dos nossos fracassos e derrotas. Mas a graça de Deus sempre nos permite um fim diferente. Por Sua graça, Ele nos redime e nos transforma.

Remi Oyedele

Dezembro

DOM 11
manhã
tarde
noite

SEG 12
manhã
tarde
noite

TER 13
manhã
tarde
noite

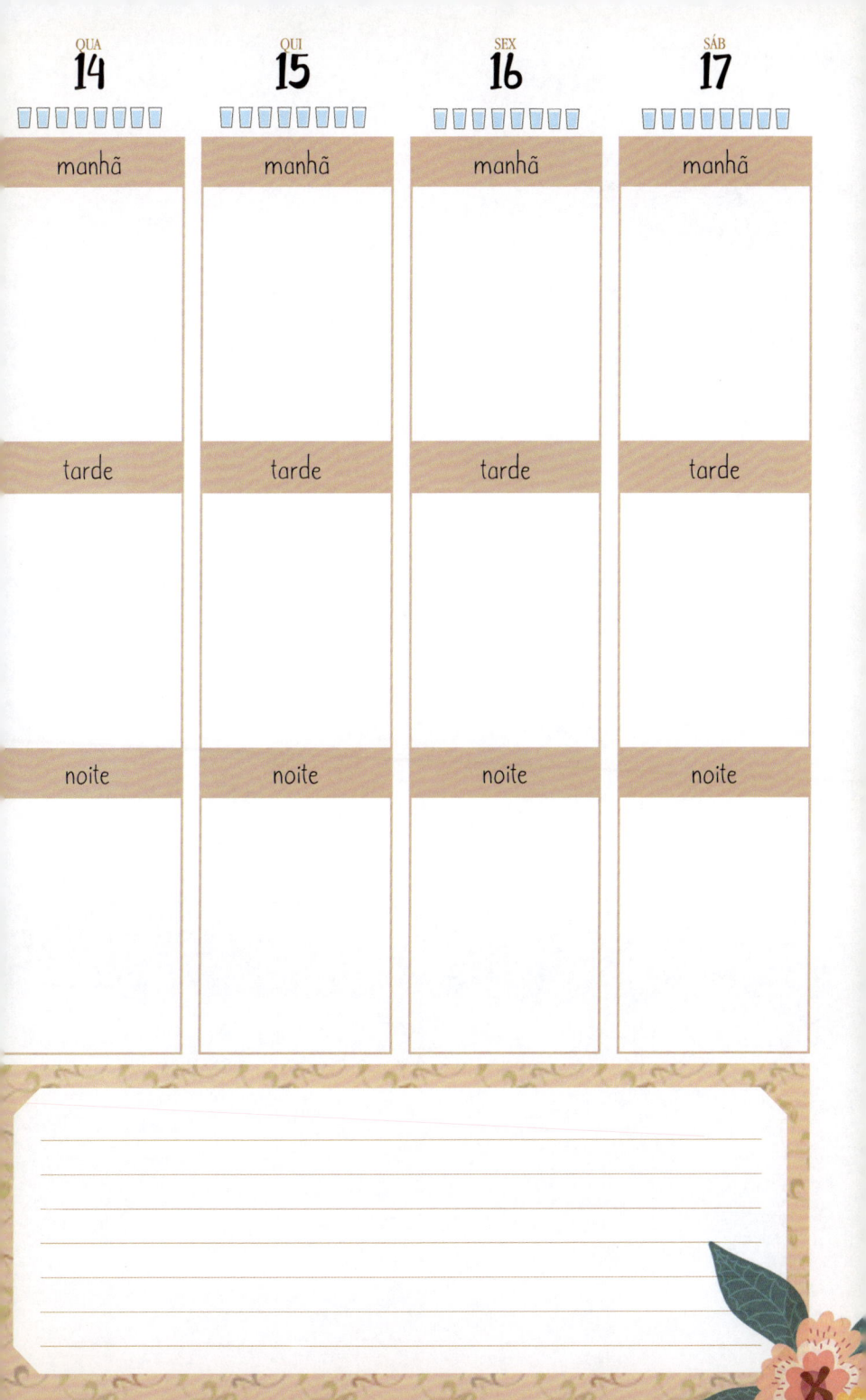

QUA **14**	QUI **15**	SEX **16**	SÁB **17**
manhã	manhã	manhã	manhã
tarde	tarde	tarde	tarde
noite	noite	noite	noite

Semana abençoada

Metas da semana

Comprar

Fazer

Ideias

Prepare-se para uma semana de discernimento

Leitura: Jó 12:13-25

Compreendendo as tribulações

*Em Deus, porém, estão a sabedoria
e o poder; a ele pertencem o conselho e o entendimento.*
Jó 12:13

O amigo do meu pai recebeu o temido diagnóstico: câncer. Mas, durante o processo de quimioterapia, ele se converteu a Jesus, e sua doença por fim entrou em remissão. Ele esteve livre do câncer por 18 meses, até que, um dia, a doença voltou; pior do que antes. Ele e a esposa enfrentaram esse momento com preocupação e questionamentos, mas também com confiança em Deus por causa do que Ele fizera anteriormente.

Nem sempre entenderemos o motivo das tribulações. Esse certamente foi o caso de Jó, que enfrentou perdas e sofrimento atroz e inexplicável. Porém, apesar de seus muitos questionamentos, ele declara que Deus é poderoso: "Ninguém pode reconstruir o que ele derruba" (v.14), "a ele pertencem a força e a sabedoria" (v.16). "Exalta nações e as destrói" (v.23). Por toda a sua extensa lista, Jó não menciona os motivos de Deus nem o motivo de Ele permitir tanta dor e sofrimento. Jó não recebe tais respostas. Mas, apesar de tudo, ele afirma com confiança: "Em Deus, porém, estão a sabedoria e o poder; a ele pertencem o conselho e o entendimento" (v.13).

Talvez, não entendamos por que Deus permite certas lutas em nossa vida, mas, como os pais do meu amigo, podemos colocar nele a nossa confiança. O Senhor nos ama e nos segura em Suas mãos (v.10; 1 Pedro 5:7). A sabedoria, o poder e o entendimento pertencem a Ele!

Julie Schwab

Dezembro

DOM **18**	SEG **19**	TER **20**
manhã	manhã	manhã
tarde	tarde	tarde
noite	noite	noite

QUA
21

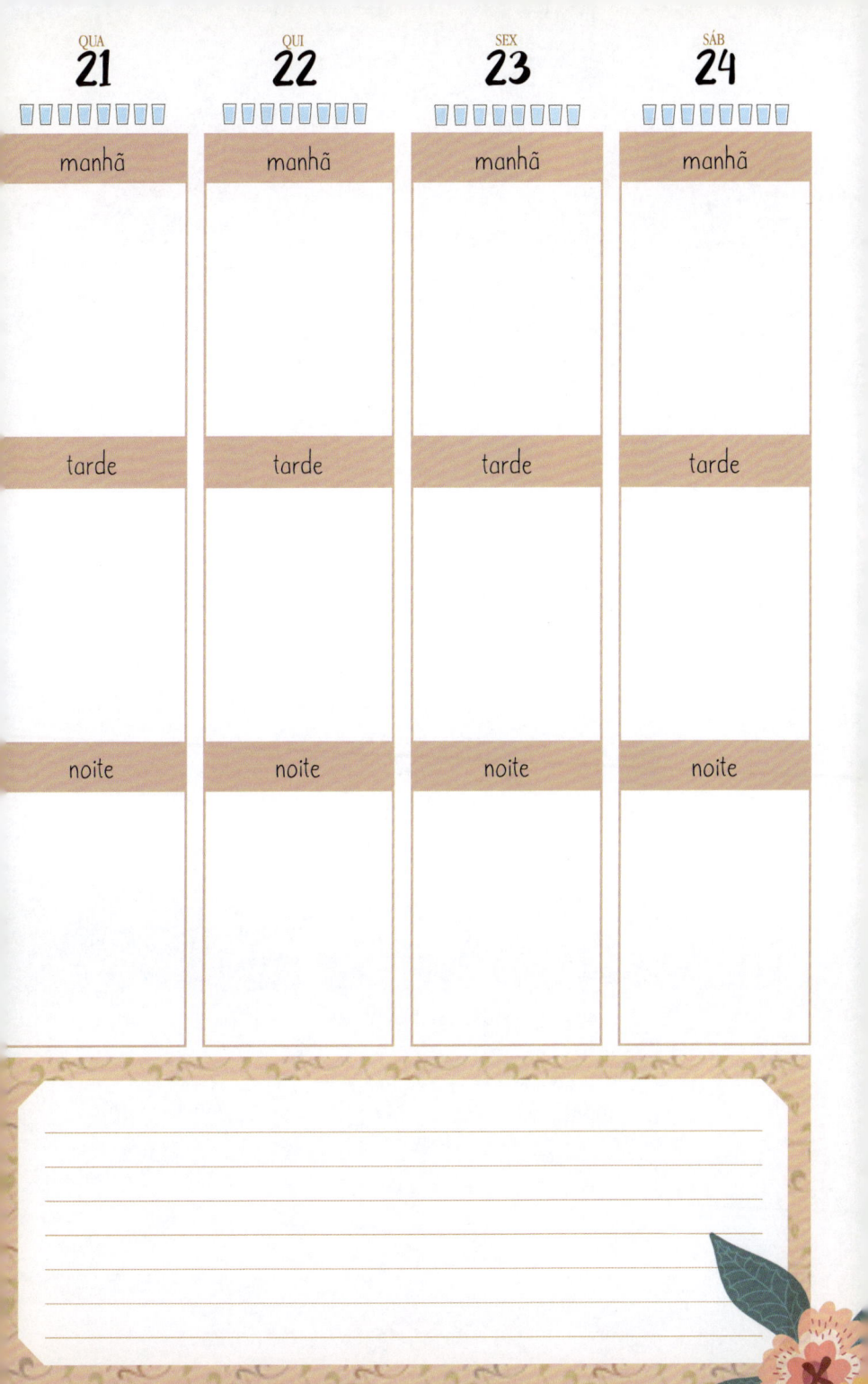

manhã

tarde

noite

QUI
22

manhã

tarde

noite

SEX
23

manhã

tarde

noite

SÁB
24

manhã

tarde

noite

Semana abençoada

Metas da semana

Comprar

Fazer

Ideias

Prepare-se para uma semana de afirmações

Leitura: Lucas 2:15-19

Uma sequência de "sim"

Maria, porém, guardava todas essas coisas no coração e refletia sobre elas.
LUCAS 2:19

Certo Natal, vovó me deu um lindo colar de pérolas. As belas contas brilhavam no meu pescoço até que o cordão arrebentou. Elas saltaram em todas as direções do nosso piso de madeira. Rastejando sobre as tábuas, recuperei cada minúsculo orbe. Individualmente, as pérolas eram pequenas. Mas quando colocadas lado a lado elas causavam bela impressão!

Às vezes as minhas respostas afirmativas a Deus parecem insignificantes, como aquelas pérolas individuais. Comparo-me à mãe de Jesus, que era maravilhosamente obediente. Ela respondeu "sim" quando aceitou o chamado de Deus para gerar o Messias em seu ventre e disse: "Sou serva do Senhor […] Que aconteça comigo tudo que foi dito a meu respeito" (1:38). Maria entendia tudo o que seria exigido dela? Que à frente surgiria um "sim" ainda maior para ceder seu filho para a cruz?

Após as visitas dos anjos e pastores, Lucas nos diz que Maria "guardava todas essas coisas no coração e refletia sobre elas" (2:19). *Guardar* significa "armazenar", e *refletir* significa "meditar, pensar muito". Essa atitude de Maria é repetida em Lucas 2:51. Muitas vezes ela responderia afirmativamente durante a sua vida.

Assim como aconteceu com Maria, a chave para a nossa obediência pode ser o entrelaçamento de vários "sim" aos convites do nosso Pai, um de cada vez, até que se entrelacem como "tesouros armazenados" da vida submissa ao Senhor.

Elisa Morgan

Dezembro

DOM 25 Natal

SEG 26

TER 27

manhã

manhã

manhã

tarde

tarde

tarde

noite

noite

noite

QUA **28**	QUI **29**	SEX **30**	SÁB **31**
manhã	manhã	manhã	manhã
tarde	tarde	tarde	tarde
noite	noite	noite	noite

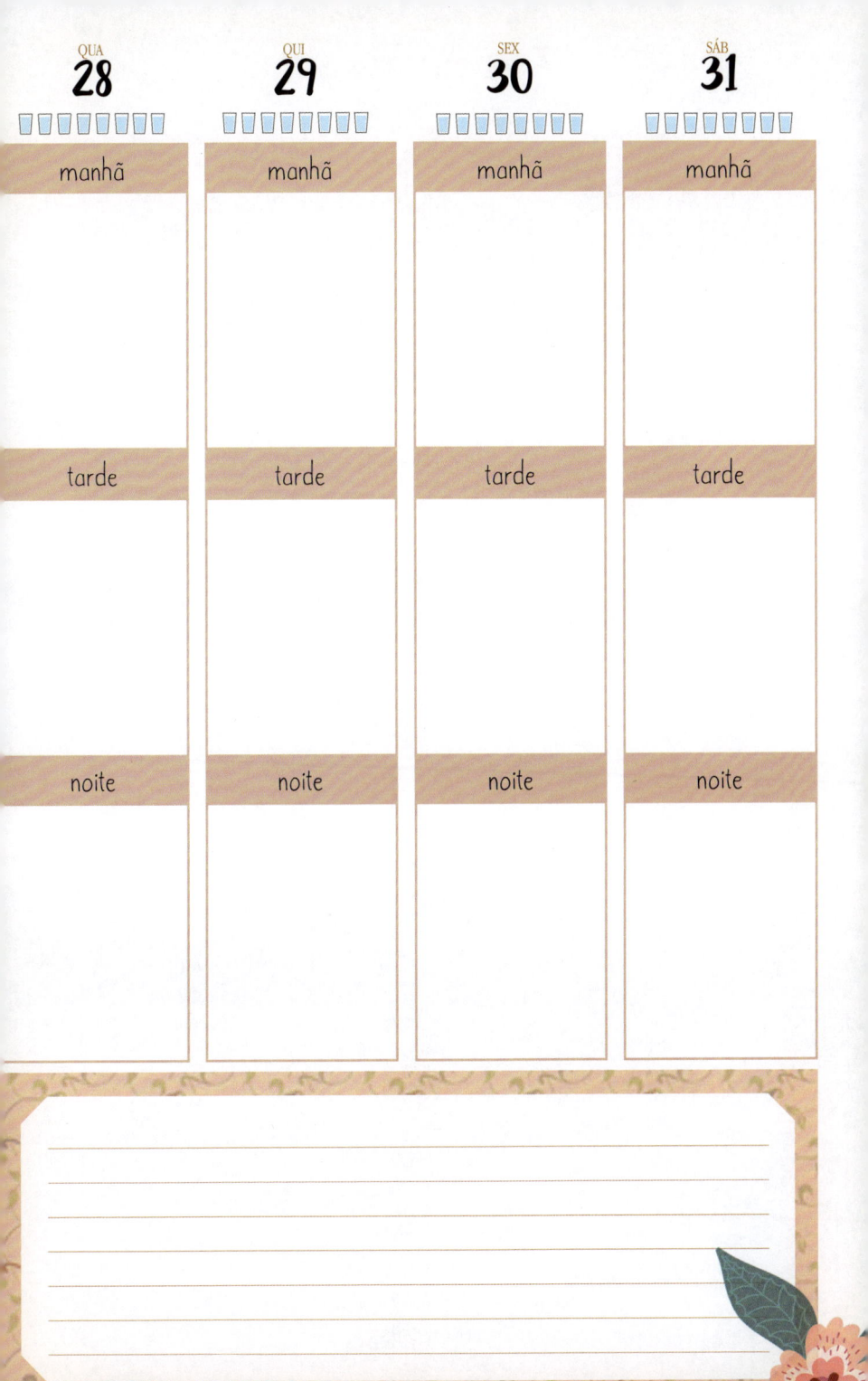

Semana abençoada

Metas da semana

Comprar

Fazer

Ideias

Prepare-se para uma retrospectiva de 2022

Leitura: Salmo 9:1-2,7-10

Um sincero obrigado

Eu te louvarei, Senhor, de todo o meu coração; anunciarei as maravilhas que fizeste.
Salmo 9:1

Preparando o meu filho Xavier para a primeira entrevista de emprego, Alan, meu marido, entregou-lhe um pacote de cartões de agradecimento para ele enviar após se encontrar com possíveis empregadores. Alan então fingiu ser um entrevistador experiente. Após o ensaio, Xavier colocou várias cópias de seu currículo numa pasta e sorriu quando o pai o lembrou dos cartões. "Eu sei que um bilhete de sincero agradecimento me destacará dos demais candidatos", disse ele. Quando o gerente o contratou e recebeu um desses cartões de gratidão, agradeceu-lhe pelo primeiro cartão de reconhecimento escrito à mão que recebera em anos.

Agradecer causa um impacto duradouro. As orações sinceras e a adoração grata foram preservadas no livro de Salmos. Embora haja 150 salmos, estes dois versos refletem agradecimento: "Eu te louvarei, Senhor, de todo o meu coração; anunciarei as maravilhas que fizeste. Por causa de ti, me alegrarei e celebrarei; cantarei louvores ao teu nome, ó Altíssimo" (vv.1,2).

Jamais conseguiremos expressar totalmente a nossa gratidão por *todas* as maravilhosas ações de Deus. Podemos começar com gratidão sincera em nossas orações e nutrir um estilo de vida de grata adoração, louvando a Deus e reconhecendo tudo o que Ele fez e tudo o que Ele promete que fará.

Xochitl E. Dixon

Meus planos para 2023